SAÚDE MENTAL: RETRATOS DE CRIANÇAS ESQUECIDAS

Flávia Blikstein

SAÚDE MENTAL: RETRATOS DE CRIANÇAS ESQUECIDAS

Copyright © 2021 de Flávia Blikstein
Todos os direitos desta edição reservados à Editora Labrador.

Coordenação editorial
Pamela Oliveira

Preparação de texto
Marcia Maria Men

Projeto gráfico, diagramação e capa
Felipe Rosa

Revisão
Priscila Mota

Assistência editorial
Larissa Robbi Ribeiro

Imagem de capa
Freepik.com

Dados Internacionais de Catalogação na Publicação (CIP)
Angelica Ilacqua – CRB-8/7057

Blikstein, Flávia
  Saúde mental : retratos de crianças esquecidas / Flávia Blikstein. -- São Paulo : Labrador, 2021.
  272 p.

Bibliografia
ISBN 978-65-5625-119-6

1. Saúde mental infantil 2. Saúde mental juvenil 3. Menores abandonados I. Título

21-0840   CDD 618.9289

Índice para catálogo sistemático: 1ª reimpressão – 2023
1. Saúde mental infantojuvenil

Editora Labrador
Diretor editorial: Daniel Pinsky
Rua Dr. José Elias, 520 – Alto da Lapa
05083-030 – São Paulo – SP
+55 (11) 3641-7446
contato@editoralabrador.com.br
www.editoralabrador.com.br
facebook.com/editoralabrador
instagram.com/editoralabrador

A reprodução de qualquer parte desta obra é ilegal e configura uma apropriação indevida dos direitos intelectuais e patrimoniais da autora.

A editora não é responsável pelo conteúdo deste livro.
O autor conhece os fatos narrados, pelos quais é responsável, assim como se responsabiliza pelos juízos emitidos.

*Para Ester e Izidoro, por tanto amor e
por me ensinarem a nunca deixar de me indignar.*

Sumário

APRESENTAÇÃO 9

CAPÍTULO 1. INTRODUÇÃO 15

CAPÍTULO 2. CAMPO DA SAÚDE MENTAL INFANTOJUVENIL 24
    2.1. A constituição da infância e da criança anormal 24
    2.2. A saúde mental infantojuvenil no contexto brasileiro 35

CAPÍTULO 3. OBJETIVO E PERCURSO METODOLÓGICO........................72
    3.1. Referencial teórico-metodológico 73
    3.2. Procedimentos metodológicos...76

CAPÍTULO 4. APRESENTAÇÃO DOS RESULTADOS 92
    4.1. Mapeamento das instituições..92
    4.2. Perfil dos acolhidos 127

CAPÍTULO 5. ANÁLISE E DISCUSSÃO DOS RESULTADOS 201
    5.1. Quais são as instituições de acolhimento para pessoas com deficiência que atendem crianças e adolescentes no Estado de São Paulo? Como operam estas instituições e quais as práticas de cuidado por elas desenvolvidas? 202

5.2. Quais as características da população atendida? 211
5.3. Qual a dimensão, o papel e a importância
das atividades dessas instituições, tendo por contraponto a
rede pública, e qual seu alinhamento com a política nacional
de saúde mental? 226

CAPÍTULO 6. CONSIDERAÇÕES FINAIS **243**

REFERÊNCIAS **249**

Apresentação

Caras(os) leitoras(es):

Este livro foi escrito com o objetivo de lançar luz sobre a saúde mental infantojuvenil e apontar a necessidade de discutir as práticas de cuidado que operam neste campo na atualidade. Acredito que a produção de estudos nesta área pode contribuir para a garantia de direitos de crianças e adolescentes e para a efetivação do modelo psicossocial de atenção em saúde mental. Cabe dizer ainda que este livro é fruto de minha trajetória como psicóloga, docente e pesquisadora. Ao trilhar este caminho nunca pude verdadeiramente conviver com a ideia de que, nos dias atuais, milhares de crianças e adolescentes ainda são condenados à "exclusão perpétua" nas instituições manicomiais.

Deparei-me com as internações de longa duração de crianças e adolescentes quando atuava como psicóloga de Centros de Atenção Psicossocial Infantojuvenil (CAPSi) e, desde então, dedico meus estudos à investigação dos fatores que sustentam esta prática asilar. No meu mestrado pesquisei sobre a internação de crianças e adolescentes em hospitais psiquiátricos[1] e pude constatar que a internação ainda persiste em decorrência, principalmente, da falta de serviços territoriais e pela ausência de práticas e ações integradas entre os agentes que atuam no campo da infância e adolescência.

A pesquisa revelou-me, sobretudo, a enorme complexidade do campo da saúde mental infantojuvenil, que se constitui por diferentes atores, modelos de atenção e concepções sobre a infância. Além disso, ficou evidente a existência de "áreas de sombra", isto é, a existência de práticas e fluxos de cuidado sobre os quais pouco se fala, entre os quais a internação de longa duração de crianças e adolescentes.

Resolvi, então, aprofundar-me no exame de algumas questões cruciais detectadas em minha pesquisa do mestrado e dei início ao doutorado,[2] também com o objetivo de investigar sobre as internações psiquiátricas de crianças e adolescentes. Se na primeira pesquisa eu havia estudado os hospitais psiquiátricos, tratava-se agora então de definir um novo cenário.

Nesse sentido, recorri às narrativas de vida dos inúmeros usuários dos centros de acolhimento com os quais tive a honra de conviver, procurando em suas infâncias algum ponto em comum que logo pude reconhecer: as internações de crianças e adolescentes não ocorrem apenas em hospitais psiquiátricos, mas também em instituições de acolhimento para pessoas com deficiência. Na verdade, muitas vezes as instituições asilares estabelecem entre si um sistema contínuo de reencaminhamento e institucionalização.

---

1. BLIKSTEIN, Flávia. *Destinos de crianças*: estudo sobre as internações de crianças e adolescentes em Hospital Público Psiquiátrico. 2012. 95 f. Dissertação (Mestrado em Psicologia) – Pontifícia Universidade Católica de São Paulo, São Paulo, 2012.
2. BLIKSTEIN, Flávia. *Políticas públicas em saúde mental infantojuvenil e filantropia*: estudo sobre as instituições de acolhimento para pessoas com deficiência que atendem crianças e adolescentes no Estado de São Paulo. Tese (Doutorado em Saúde Pública) – Faculdade de Saúde Pública, Universidade de São Paulo, São Paulo, 2019.

Foi Maria Aparecida da Silva, conhecida como Formiguinha, quem me apresentou de forma marcante os efeitos desse sistema. O encontro entre mim e Maria foi, sem dúvida, uma inspiração para este estudo. Gostaria de compartilhar como tudo aconteceu.

Em 2009, participei de uma reunião com a equipe de um centro de acolhida para mulheres. Ao término do encontro, me despedi e, ao caminhar em direção à saída, fui interpelada por uma mulher negra, bem magra, que aparentava ter uns 50 anos. Era Maria, dizendo: "Preciso que me ajude a mudar de nome. Estou com esse problema. Me chamo Maria Aparecida da Silva". Surpresa com o insólito pedido, permaneci em silêncio e ela continuou: "Maria Aparecida da Silva tem muitas, ninguém nunca sabe quem sou eu".

Naquele momento, compreendi o que aquela frase revestia: Maria me pedia muito mais do que uma mudança na grafia de seu nome. Maria estava, na verdade, pedindo minha ajuda para ser reconhecida como alguém. Queria ter um nome só dela, queria ter uma história só dela, queria que o mundo a olhasse como um sujeito único e, ao mesmo tempo, igual em seus direitos. Sugeri então que Maria fosse ao CAPS no dia seguinte para pensarmos juntas em como resolver sua solicitação. A partir desse dia, tive o enorme privilégio de acompanhar essa corajosa mulher em seu processo de resgate de autonomia e cidadania.

Maria não portava documentos e apresentava um discurso confuso em relação a sua história de vida. Dizia sempre que era de Araraquara e queria retornar à sua cidade natal, mas sua configuração familiar era expressa de forma confusa e "delirante". Por vezes dizia que era casada e tinha filhos; em outras ocasiões, que era solteira e morava com a mãe. Em outros momentos, negava essas versões e dizia que os irmãos a haviam internado em um hospital psiquiátrico. As histórias eram acompanhadas de cartas. Maria andava sempre com um caderno em que escrevia cartas para "parentes" com relatos de sua vida e pedidos para que a buscassem e a levassem de volta à sua cidade.

Após intensa dedicação da equipe de trabalhadores do CAPS, conseguimos localizar a certidão de nascimento de Maria em Araraquara. De fato, ela havia nascido lá! A partir disso, pudemos regularizar sua documentação e incluí-la no programa de Benefício de Prestação Continuada (BPC).

O recebimento do recurso financeiro possibilitou a Maria começar a fazer escolhas e desenhar planos. Sua primeira grande empreitada foi buscar novas experiências para descobrir seus gostos e preferências. Durante longos meses, seu programa preferido era ir a restaurantes *self-service*. Ela dizia que nunca pudera escolher o que comer e, portanto, não sabia dizer do que gostava. De forma muito organizada, escolhia cada vez uma comida diferente e, ao final da refeição, anotava em seu caderno observações sobre a experiência. Por fim, Maria descobriu: suas comidas preferidas eram peixe com purê e espaguete com molho branco e brócolis. Para sobremesa, elegeu o chocolate branco como vencedor.

Depois disso, Maria passou a notar seu próprio corpo. Íamos a lojas e farmácias onde ela comprava diferentes produtos de higiene pessoal. Da mesma forma como fez com a comida, testava os produtos e depois registrava sobre os efeitos que havia sentido. Lembro-me perfeitamente do relato de conclusão de sua experimentação: "O melhor sabonete é o Phebo".

Seu próximo passo foi interessar-se por roupas e sapatos. Após meses de repetidos trajetos em lojas e ruas comerciais, ela escolheu uma loja e comprou – pela primeira vez – roupas novas.

Acredito que nosso encontro possibilitou a ela desenhar mudanças em seu futuro. O passado, entretanto, permaneceu desconhecido:

avançamos pouco em sua história. Sabíamos que havia sido submetida a longas e repetidas internações em hospitais psiquiátricos, centros de acolhida e entidades filantrópicas e que, provavelmente, as internações tiveram início ainda na infância. Nada mais. Não foi possível encontrar nenhum outro rastro de sua trajetória.

Este livro é, portanto, uma tentativa de narrar as histórias sem registros de inúmeras crianças e adolescentes institucionalizadas, as "Marias do passado". Ao mesmo tempo, este escrito denuncia e torna públicas informações sobre as "Marias do presente", isto é, crianças e adolescentes que, ainda nos dias de hoje, cotidianamente são encaminhados para instituições manicomiais e asilares, dando início a longas trajetórias de exclusão social e violação de direitos.

CAPÍTULO 1
INTRODUÇÃO

As práticas e saberes destinados ao cuidado em saúde mental de crianças e adolescentes estruturam-se em momentos distintos daqueles dirigidos à população adulta (Reis et al., 2010). No contexto brasileiro, durante os períodos da Colônia e Império a infância não era objeto de reconhecimento social, sendo este assumido somente com o advento da idade adulta. Se alguma atenção havia, mesmo mínima, ela provinha da Igreja Católica, que se via responsável pela educação e cuidados dos mais necessitados (Freyre, 2006).

A Proclamação da República, no final do século XIX, acarretou mudanças importantes no contexto social, político e econômico do Brasil. A medicina destituiu parcialmente o papel da Igreja na determinação de padrões morais, físicos e intelectuais e passou a exercer influência sobre os indivíduos, impondo normas de saúde (Costa, 2004). Esse contexto é, sobretudo, marcado pelo surgimento do movimento da Higiene Mental que, pautado em ideais eugênicos, tinha como objetivo garantir o cuidado e o desenvolvimento da população brasileira sob a égide do saber médico (Ribeiro, 2006).

A infância configura-se, nesse contexto, como o principal campo sobre o qual o Estado deveria intervir para a construção de uma sociedade sadia por meio da normatização de condutas. Dessa forma, o discurso higienista, ao estabelecer os padrões de normalidade na infância, determinou também as primeiras práticas e condutas para crianças "anormais" (Telles, 2006).

O movimento defendia o tratamento asilar e a ampliação do número de instituições de assistência a essas crianças "anormais". Devemos observar, entretanto, como bem aponta Lobo (2008), que "infância anormal" era um termo vago e abrangente, incluindo também a pobreza e a criminalidade como anormalidades. Dessa forma, o padrão de normalidade, além de gerar um grande número de desviantes, legitimou as práticas psiquiátricas na sociedade (Serra, 2011).

Em relação às práticas de cuidado, sabemos que, nesse período, para as crianças consideradas anormais e delinquentes, recomendava-se a internação para correção e reintegração (Rizzini, 2008). A instituição para a qual deveria ocorrer o encaminhamento era definida de acordo com o diagnóstico e a classe social.

As instituições, em sua maioria, tinham caráter asilar e filantrópico e eram consideradas específicas e especializadas. As instituições filantrópicas no campo da saúde mental, segundo Rizzini (2008), implantaram-se para atender às "demandas impostas pela instituição de uma nova ordem política, econômica e social". Dessa forma, podemos observar que o início do século XX propagou a importância da assistência a crianças e adolescentes, já que elas representavam o "futuro da nação brasileira", enquanto simultaneamente determinou um conjunto de medidas calcadas na lógica higienista que expandiu o número de instituições asilares para o cuidado de crianças e adolescentes (Brasil, 2014a).

Sobre o percurso histórico de constituição do campo da saúde mental infantojuvenil, Couto e Delgado (2015, p. 19) destacam:

> Os caminhos para o desenvolvimento de uma Política de Saúde Mental para Crianças e Adolescentes (SMCA) no Brasil só foram propostos no início do século XXI. Antes desse momento, o país não dispunha de formulações pelo setor da saúde mental que orientassem a construção de uma rede de cuidados para crianças e adolescentes com problemas mentais, ficando as ações assistenciais, quando existentes, circunscritas à agenda dos setores da assistência social e educação, com propostas mais reparadoras e disciplinares do que propriamente clínicas ou psicossociais.

Assim, de acordo com Pitta et al. (2005), podemos observar que, historicamente, o vazio no campo da atenção pública para crianças e jovens portadores de transtornos mentais e a falta de uma diretriz política de cuidado nesta área foram preenchidos por instituições asilares, em sua maioria de natureza privada ou filantrópica, que, durante muitos anos, foram as únicas opções de acompanhamento dirigidas às crianças, adolescentes e seus familiares.

Dessa forma, ao percorrermos a história da assistência em saúde mental infantojuvenil, vemos que, desde sua origem, o cuidado em saúde mental na infância foi delegado às instituições filantrópicas cuja lógica asilar era comum ao conjunto das instituições de saúde mental. No contexto atual, após a promulgação de importantes marcos legais, como o estabelecimento do Estatuto da Criança e do Adolescente (ECA), do Sistema Único de Saúde (SUS), da Lei Brasileira de Inclusão da Pessoa com Deficiência e a reorientação do modelo de assistência em saúde mental, o encaminhamento para entidades de acolhimento deve ser substituído pelo direcionamento aos equipamentos da Rede de Atenção Psicossocial (RAPS) e da rede de proteção à infância.

O modelo asilar de assistência em saúde mental demonstrou ser prejudicial ao processo de socialização e desenvolvimento das crianças e adolescentes (Rizzini, 2005). O processo de institucionalização, além de contribuir com a estigmatização (Bentes, 1999), dificulta a manutenção de vínculos familiares e comunitários e resulta na perda da autonomia e cronificação dos sujeitos (Dell'Ácqua e Mezzina, 1991).

Apesar disso, podemos observar, atualmente, a persistência de diferentes modalidades de institucionalização, entre elas o encaminhamento para entidades sociais em regime de acolhimento. Importante ressaltar que, em diversos casos, a institucionalização ocorre em circunstâncias contrárias às estabelecidas pelas diretrizes da Reforma Psiquiátrica e pela Lei Brasileira de Inclusão da Pessoa com Deficiência, como nos casos de internação compulsória e por períodos prolongados.

Todavia, vale salientar, como aponta Amarante (1995), que os últimos vinte anos foram marcados por avanços significativos dentro do campo da saúde mental em direção à desinstitucionalização e garantia de direitos. A efetivação da Política Nacional de Saúde Mental (PNSM), no entanto, não ocorre por meio da simples substituição de serviços e mudança na assistência; trata-se de "um processo de transição paradigmática e, como tal, requer uma transformação estrutural em constante movimento, com a participação de diversos atores sociais" (Zaziani e Luzio, 2014, p. 58). Assim, a consolidação da PNSM requer não apenas a reestruturação no campo técnico assistencial, mas também transformações nos campos teórico-conceitual, político-jurídico e sociocultural (Zaziani e Luzio, 2014; Amarante, 2007; Vasconcelos et al., 2016).

Podemos dizer, portanto, que a própria implantação da PNSM produz novos questionamentos e tensão. Em outras palavras, a efetivação da atenção psicossocial na rede de serviços gera novos desafios para a consolidação da RAPS. De fato, o avanço da Reforma Psiquiátrica evidencia novos contextos e demandas de cuidado, e, em razão disso, acreditamos que a realização de pesquisas no campo da saúde mental infantojuvenil pode, justamente, contribuir para a construção de "novas respostas" e explicitação de entraves e desafios.

Encontramos em diversos documentos publicados pelo Ministério da Saúde (Brasil, 2005; 2010; 2014a; 2014b) recomendações e diretrizes que corroboram a necessidade da realização de pesquisas neste campo:

> Outro desdobramento necessário é a realização de pesquisas que possibilitem o dimensionamento da situação no presente. Que instituições estão operando em todo o País? Quem são as crianças hoje institucionalizadas e por quê? Que outras alternativas precisam ser criadas para evitar que crianças sejam internadas desnecessariamente? (Rizzini, 2005, p. 33)

Torna-se evidente, portanto, a relevância da realização de pesquisas que investiguem e levantem dados sobre necessidades de cuidado específicas da população de crianças e adolescentes no campo da saúde mental, tal como o presente livro pretende apontar.

Nos últimos dez anos, pudemos observar um aumento significativo na produção acadêmica tanto sobre perfil e demanda da população de crianças e adolescentes como sobre as ações e práticas desenvolvidas dentro do campo da saúde mental infantojuvenil.

Destacamos aqui algumas dessas pesquisas que tiveram como objetivo averiguar e analisar dados sobre a população de crianças e adolescentes atendidos pelo Centro de Atenção Psicossocial Infantojuvenil (CAPSi) e as práticas de cuidado desenvolvidas nestes equipamentos.

No Estado de São Paulo, esta temática foi abordada nas pesquisas de Reis et al. (2012), Delfini (2012) e Taño e Matsukura (2014). Outros autores realizam pesquisas semelhantes em diversos estados brasileiros, como Arrué et al. (2013) no Rio Grande do Sul, Teixeira e Jucá (2014) na Bahia, Lima et al. (2014) e Anjos (2014) no Rio de Janeiro, e Garcia et al. (2015), que fazem um levantamento em todo o território nacional.

As publicações dessas pesquisas contribuíram significativamente para a construção do campo da saúde mental infantojuvenil, pois sistematizam e evidenciam dados específicos sobre esta população. O presente estudo, norteado pela mesma finalidade, pretende levantar dados semelhantes em instituições de acolhimento para a pessoa com deficiência que prestam atendimento a crianças e adolescentes e que também compõem a rede assistencial desta faixa etária.

Vimos que quase a totalidade das investigações enfoca aquilo que, por comodidade, será denominado "espaço público" do campo da saúde mental infantojuvenil. A presente investigação volta-se para uma realidade que parece ser ainda extremamente significativa, mas que é deixada à sombra do interesse acadêmico, a saber, o que denominamos "espaço filantrópico" do campo da saúde mental infantojuvenil.

O êxito e o alcance político da Reforma Psiquiátrica provavelmente atraíram para suas luzes o olhar dos investigadores, relegando à sombra uma realidade ainda existente: o espaço das entidades sem fins lucrativos — espaço filantrópico — historicamente importante e que parece desempenhar ainda hoje um papel de especial relevância.

O Censo do Sistema Único de Assistência Social (Censo SUAS) de 2017 publica dados relevantes sobre os serviços e equipamentos públicos de atenção no campo da assistência social e sobre o perfil dos usuários. Nesse levantamento encontramos o registro de 33 unidades de acolhimento exclusivo para crianças e adolescentes com deficiência (Brasil, 2018).

Em relação à quantidade de pessoas acolhidas, o Censo SUAS 2017 descreve a ocorrência de 30.824 pessoas com deficiência e 16.980 pessoas portadoras de doença mental em situação de acolhimento institucional em serviços pertencentes a rede SUAS. No tocante às unidades de acolhimento que atendem especificamente pessoas com deficiência, o levantamento aponta para a ocorrência de 5.714 pessoas em situação de acolhimento institucional; dentre elas, 817 são crianças e adolescentes (Brasil, 2018).

A organização internacional Human Rights Watch publicou, em maio de 2018, o relatório intitulado *Eles ficam até morrer*, sobre instituições de acolhimento para pessoas com deficiência no Brasil. A pesquisa ocorreu por meio de observação direta em dezenove instituições de acolhimento para pessoas com deficiência nos Estados de São Paulo, Rio de Janeiro, Bahia e Distrito Federal. Sobre a existência de crianças e adolescentes, o relatório expõe que sete dentre as dezenove instituições visitadas descreveram o fato de que muitos adultos residiam nas instituições desde a infância. Dessa forma, podemos perceber que "uma medida inicialmente provisória se transformou em confinamento para crianças com deficiência" (HRW, 2018, p. 46).

Outro levantamento realizado no Estado do Rio de Janeiro sobre a institucionalização de crianças e adolescentes com deficiência (CIEPSI, 2008) também revela que a institucionalização dessa população transgride sua função de medida temporária e passa a atuar como determinação de lar permanente.

A partir dessa constatação, Couto (2008, p. 9) indaga sobre o papel das instituições de acolhimento dentro da rede de saúde mental e propõe a investigação das seguintes questões:

> Como esta rede tem discutido e enfrentado os desafios do abrigamento de pessoas com deficiência? Os processos de trabalho dos serviços estratégicos da saúde mental são compatíveis com as necessidades assistenciais colocadas pelas crianças e jovens com deficiência, abrigadas, muitas com transtornos mentais? Como os Centros de Atenção Psicossocial (CAPS) dialogam com os abrigos existentes nos territórios sob sua responsabilidade? Quais parcerias constroem, e quais efeitos alcançam em prol da desinstitucionalização dos que lá vivem?

A presente pesquisa intenta trazer à tona essa realidade por meio da análise detalhada deste espaço. Pretende-se, portanto, cotejar o espaço asilar filantrópico com as realizações no campo da saúde mental de forma a estabelecer seus lugares, legitimidades e deveres. Dessa forma, investigamos aqui ações e práticas desenvolvidas por instituições de acolhimento para pessoas com deficiência e a população de crianças e adolescentes atendidos nessas entidades.

Para tanto, o livro estrutura-se em 6 capítulos.

Neste capítulo introdutório, apresentamos a justificativa e relevância da realização do estudo.

O capítulo 2 dedica-se a apresentar e discutir a constituição e efetivação das políticas públicas no campo da saúde mental e deficiência para crianças e adolescentes. Nesse sentido, abordamos a construção dos parâmetros de normalidade para crianças e adolescentes e o consequente aparecimento de práticas de cuidado destinadas à infância anormal. Além disso, o texto apresenta o percurso histórico de formação do campo da saúde mental infantojuvenil no Brasil, observando modificações nos discursos e ações dirigidos às crianças e adolescentes neste campo.

O objetivo geral e a metodologia são apresentados no capítulo 3 e, posteriormente, na quarta parte, apresentamos os resultados obtidos. Para melhor compreensão das informações, os dados foram descritos por categorias. O capítulo 5 expõe a análise dos resultados e, por fim, o capítulo 6 apresenta as considerações finais do estudo e uma discussão sobre o alcance e limitações da pesquisa.

CAPÍTULO 2
CAMPO DA SAÚDE MENTAL INFANTOJUVENIL

2.1. A CONSTITUIÇÃO DA INFÂNCIA E DA CRIANÇA ANORMAL

Nesta seção, faremos um levantamento histórico sobre a constituição e efetivação das práticas em saúde mental infantojuvenil. Interessa-nos destacar a construção dos parâmetros de normalidade para crianças e adolescentes e o consequente aparecimento de práticas de cuidado destinadas à infância anormal. Além disso, abordaremos o processo de formação do campo da saúde mental infantojuvenil no Brasil, observando modificações nos discursos e ações dirigidos às crianças e adolescentes neste campo.

2.1.1. O conceito de infância

Historicamente, quando se trata de adultos e crianças, a construção da psiquiatria ocorreu de forma e em ritmos distintos nessas duas populações. A psicopatologia do adulto estrutura-se durante o século

XVIII, ao passo que, em relação à infância, podemos observar o aparecimento dos primeiros estudos e instrumentos apenas no final do século XIX (Reis et al., 2010).

Para compreender o desenvolvimento e a especificidade do campo da saúde mental infantojuvenil, faz-se necessário discutir sobre o conceito de infância e as diferentes significações que "ser criança" assumiu durante a história. A presente pesquisa parte do pressuposto de que as normas e interpretações sobre a infância decorrem de um processo contínuo de construção social sobre o seu sentido. Por essa razão, podemos observar variações em relação à percepção e definição de infância entre diferentes classes sociais, culturas, sociedade e também em distintos contextos históricos (Sarmento e Pinto, 1997).

A acepção sobre a infância está diretamente relacionada às modificações dos campos e disciplinas que a assumem como objeto de intervenção. Segundo Telles (2010, p. 131): "A criança resulta, enquanto conceito, como produção de discursos e, consequentemente, como concepções singulares originadas de um saber determinado".

O historiador francês Philippe Ariès publica, em 1960, um importante trabalho acerca do conceito de infância, o qual intitulou "História Social da Criança e da Família". Nesse estudo, o autor produz uma iconografia sobre as representações da infância na Europa ocidental entre o período medieval e a modernidade e analisa a universalidade e naturalização da infância (Prado, 2010).

Nessa publicação, Ariès (1986) observa que a infância deve ser compreendida como produto da vida moderna, forjada em decorrência das transformações na estrutura e no funcionamento social. Vemos que, durante séculos, as crianças foram consideradas miniadultos, isto é: não havendo especificidades ou determinações próprias relacionadas ao seu grupo, pertenciam ao mesmo mundo dos adultos e compartilhavam os mesmos espaços, costumes e atividades.

A distinção entre infância e idade adulta consolida-se no século XVIII e é acompanhada de modificações nas normas de organização familiar. A partir desse momento, a criança deixa de ser vista como um miniadulto e passa ser considerada um ser que se tornará um adulto. De acordo com Rosemberg (1976), essa premissa tem como consequência o fato de que a criança passa a ser percebida exclusivamente como um "vir a ser", isto é, como potencialidade do adulto que irá se tornar.

A compreensão moderna sobre a criança como um ser que necessita de medidas para se tornar um "bom adulto" resultou na construção de práticas de disciplinarização da infância. Assim, podemos dizer que a população infantojuvenil gradativamente passa a ser administrada e alocada em espaços sociais específicos e delimitados. Dessa forma, estrutura-se a concepção da criança como alguém vulnerável que necessita de cuidado, controle, assistência, instrução e supervisão (Alanen, 2001).

Os apontamentos realizados sobre a construção social da infância são fundamentais para o desenvolvimento deste trabalho, na medida em que desnaturalizam o sentido de ser criança e evidenciam sua determinação social e histórica. Como vimos, as disciplinas e saberes que tomam a criança como objeto de conhecimento modificam-se constantemente, transformando parâmetros, discursos e práticas destinados à infância ao longo do tempo.

Para compreendermos o processo de construção dos parâmetros de normalidade na infância, é necessário investigar a produção de discursos e práticas dos campos de saber que se apropriaram da infância anormal, pois, como bem salienta Cirino (2001, p. 88), "o que determina as questões, procedimentos e observações dos clínicos é a concepção que eles têm da infância, do desenvolvimento da criança e do seu papel na formação do adulto".

2.1.2. A constituição da infância anormal

A entrada da criança no discurso psiquiátrico ocorreu posteriormente às formulações psiquiátricas sobre o universo dos adultos. Podemos observar que a constituição da criança anormal e a consolidação da psiquiatria infantil não decorrem da investigação sobre o adoecimento na infância, mas sim de um "processo de tutela do social" regido pelo encontro do interesse do Estado em estabelecer práticas de controle à população com o anseio da medicina em estabelecer e executar medidas preventivas em saúde mental (Cervo e Silva, 2014). Sobre a emergência da psiquiatria infantil:

> Não é ligada à descoberta de um objeto próprio, de uma patologia mental especificamente infantil. Seu aparecimento decorre das novas ambições da psiquiatria geral, da necessidade de encontrar um pedestal, um alvo onde se possa enraizar, sob forma de uma pré-síntese, todas as anomalias e patologias do adulto. (...) O lugar da psiquiatria infantil toma forma no vazio produzido pela procura de uma convergência entre os apetites profiláticos dos psiquiatras e as exigências disciplinares dos aparelhos sociais. (Donzelot, 1986, p. 120)

Orlandi (1985) corrobora essa constatação e ressalta que as práticas voltadas ao cuidado na infância estruturaram-se por meio de motivações diversas que, muitas vezes, objetivavam outros interesses que não o desenvolvimento de ações efetivas às necessidades das crianças. Segundo o autor, ao observarmos a história da assistência à infância, podemos perceber que "muitas vezes não havia amor à criança na criação de certas instituições; o que havia eram interesses em jogo, encobertos pelo ato do humanitarismo" (Orlandi, 1985, p. 30).

Fica evidente, portanto, que a constituição da psiquiatria infantil ocorre por meio de um processo contínuo de produção histórica, composto por relações de força presentes em cada época que determinam e instrumentalizam práticas e discursos neste campo. Vale destacar que a própria definição de anormalidade na infância, fundamento do saber psiquiátrico, não se institui por meio de uma "sequência lógica" de investigação teórica sobre o objeto "criança". De acordo com Lobo (2008), a definição da anormalidade foi condição primeira para a própria constituição da noção de normalidade. Assim, podemos entender o surgimento da criança anormal como um dispositivo de poder com vistas ao controle do corpo social. Veremos a seguir como sucedeu o processo de nascimento e consolidação da psiquiatria infantil segundo Bercherie (2001), que divide esse percurso em três momentos distintos.

2.1.2.1. Primeiro momento

Durante esse primeiro período, que vigora entre 1800 e 1875, podemos observar formulações teóricas que abrangem exclusivamente a noção de retardamento mental, denominada à época como *idiotia*. A psiquiatria, de acordo com Cirino (2001), dedica-se em discernir o idiotismo adquirido e curável do idiotismo congênito e distinguir diferentes graus de afecção. A idiotia é, portanto, o único fenômeno analisado pela psiquiatria presente na infância. A loucura, nesse período, não é considerada uma patologia da criança.

Segundo Foucault (2006), não havia distinção entre a loucura, a imbecilidade, a estupidez e a idiotia até o fim do século XVIII. O autor sustenta que a reelaboração do conceito de *idiotia* nos primeiros cinquenta anos do século XIX possibilitou a entrada da criança no discurso psiquiátrico. Assim, a psiquiatrização da criança não surgiu com a criança louca, mas sim com a criança idiota.

Destacamos as definições sobre a idiotia formuladas por dois importantes médicos franceses desse período, Philippe Pinel e Jean-Étienne Dominique Esquirol. Para Pinel, o idiotismo representava a falta de "faculdades intelectuais e afetivas do conjunto da atividade mental, ficando o sujeito reduzido a uma existência vegetativa, com alguns resquícios de manifestações psicológicas: devaneios, sons semiarticulados, crises de agitação" (Bercherie, 2001, p. 130). Esquirol define dois tipos de manifestações para a idiotia: o idiotismo adquirido e o idiotismo congênito. Apesar dessa diferença, a concepção de Esquirol sobre a patologia assemelha-se à conceituação de Pinel, como podemos observar nas seguintes considerações de Esquirol destacadas por Bercherie (2001, p. 130):

> [Não se trata] de uma doença, [mas] de um estado no qual as faculdades intelectuais nunca se manifestam, ou não puderam desenvolver-se o bastante (...) A idiotia começa com a vida ou na idade que precede o desenvolvimento integral das faculdades intelectuais e afetivas; os idiotas são o que devem ser durante todo o desenrolar de suas vidas; neles tudo evidencia uma organização imperfeita ou atrasada no seu desenvolvimento. Não se concebe a possibilidade de modificar esse estado. Nada poderia dar, mesmo que apenas por alguns instantes, mais razão ou mais inteligência aos infelizes idiotas.

Assim, podemos sublinhar que, para ambos os médicos, a idiotia era um estado irreversível com um déficit global e definitivo, e a medicina, nesse período, dedica-se exclusivamente a realizar estudos que evidenciem as causas da patologia (Reis et al., 2010). Vale ressaltar, entretanto, que, ao classificar a idiotia como ausência de desenvolvimento e não como doença, Esquirol introduz a noção de desenvolvimento como algo que a criança pode ou não adquirir. Segundo Foucault (2006), essa perspectiva tem consequências importantes, pois instaura uma dupla normatividade à infância. A primeira evidencia-se em relação ao adulto, que é tido como portador de desenvolvimento completo, e a segunda se dá em relação às próprias crianças, que podem apresentar diferenças de estágio em seu desenvolvimento.

A proposição da impossibilidade de tratamento para a idiotia, contudo, será contestada por Jean Marc Gaspard Itard, discípulo de Pinel. No ano de 1799, um menino, posteriormente denominado Victor de Aveyron, é encontrado no interior da França apresentando ausência de fala e movimentação quadrúpede (Reis et al., 2010). A avaliação de Pinel define Victor como portador de danos mentais irreversíveis, insensível a qualquer espécie de afeição moral. Itard, todavia, contrariando a opinião de Pinel, propõe-se a educá-lo.

Édouard Séguin, discípulo de Itard, e Delasiauve corroboram a proposição da *educabilidade do idiota* e a possibilidade de um bom prognóstico por meio da utilização de métodos educacionais especiais. Dessa forma, a figura do idiota inscreve-se no campo da infância e a maneira de assisti-lo baseia-se na disciplina médico-pedagógica (Foucault, 2006).

A assistência destinada aos idiotas tinha como finalidade, portanto, o aprendizado, não o tratamento. Séguin foi o responsável por desenvolver no hospital de Bicêtre as primeiras noções de psicopedagogia, baseando-se na educação dos sentidos (Cirino, 2001). Vale destacar outra contribuição importante de Séguin para o campo da psiquiatria infantil: o autor problematiza a noção de desenvolvimento e o define como um processo de aquisição e não como uma propriedade.

Dessa forma, a assistência torna-se possível por meio da aplicação de métodos de educação.

Assim, o idiota não é mais considerado portador de uma doença, mas sim detentor de atraso em seu desenvolvimento. É um tipo de criança que está em um grau menor da norma e deve ser constantemente observado e educado, já que sua condição pode acarretar atitudes descontroladas e comportamentos fora da normalidade. A conduta do idiota se inscreve então no desvio e não na doença; isto é, o idiota não é uma criança doente, mas uma criança anormal (Foucault, 2006).

Com isso em mente, podemos reconhecer o nascimento da criança anormal que, de acordo com Lobo (2018, p. 19), "teria surgido não da infância louca, mas de uma outra figura que o alienismo do século XIX, a partir da emergência da embriologia e a respectiva noção de desenvolvimento, ajudou a produzir: o idiota".

O conceito de anomalia é, então, rapidamente absorvido pela psiquiatria e direcionado especialmente à criança. Isso posto, podemos observar que, por meio da psiquiatrização da infância, a ideia de anormalidade se constitui e, posteriormente, é disseminada para todo o campo social. Assim, a construção da infância anormal possibilitou a generalização da noção de doença mental (Lobo, 2008). Nas palavras de Foucault (2006, p. 255), "a difusão do poder psiquiátrico se deu a partir da criança".

Além disso, vale destacar um aspecto importante para esta pesquisa: a assistência passa a ocorrer por meio da assimilação institucional do idiota e do louco num mesmo espaço: o "asilo de alienados". A categoria de alienação mental passa a englobar loucos, idiotas e imbecis, anulando as distinções teóricas entre idiotia e doença mental (Foucault, 2006).

2.1.2.2. Segundo momento

O segundo momento data de 1880 até 1930, quando são publicados os primeiros tratados de psiquiatria infantil. A ótica dos teóricos, entretanto, não concebe a criança como objeto de práticas ou estudos em psiquiatria. Os médicos estudam sobre a criança apenas com a finalidade de encontrar nela as síndromes descritas nos adultos. Isto é, "as crianças são apenas um objeto de curiosidade dos psiquiatras, ainda não constituindo um verdadeiro campo autônomo de prática e investigação" (Cirino, 2001, p. 88).

Durante os dois primeiros períodos descritos aqui, a psiquiatria da infância não toma a infância como objeto de intervenção; pelo contrário, ela se mantém voltada para o adulto, considerando a criança apenas como adulto em potência. Nas palavras de Bercherie (2001, p. 140), "o adulto não é somente o fim de seu desenvolvimento, mas também seu único conteúdo e seu sentido último".

Queremos destacar, por meio desta breve retomada do conceito de criança anormal, alguns aspectos relevantes para este estudo: o primeiro é a entrada tardia da criança no discurso psiquiátrico como sujeito com singularidades, comparativamente ao adulto; o segundo é a origem da psiquiatria infantil, que ocorre por meio da associação da deficiência ao déficit, articulando a infância a essa posição; o terceiro aspecto importante é que a infância anormal instituiu um modo de normatização, generalizando condutas de crianças (e de adultos) e produzindo o efeito de psiquiatrização.

2.1.2.3. Terceiro momento

O terceiro período tem início a partir de 1930, quando a psiquiatria da infância assume a criança e seu desenvolvimento como objeto e elimina a pesquisa clínica no adulto. As teorias psicanalíticas influenciam os autores da época, pois, ao destacarem o período da infância como fundamental para a vida psíquica, modificam o lugar da criança dentro da psiquiatria. Na verdade, ocorre uma inversão na lógica do olhar sobre a criança, uma vez que, como define Bercherie (2001, p. 141), "não somente a infância tem sua ordem própria de existência e de racionalidade, mas é sobretudo ela que esclarece, a partir de então, o devir do adulto".

Podemos observar nesse período que, além da apropriação da psicanálise, a psiquiatria aproxima-se da pediatria e ocorre um crescimento importante na produção de estudos dentro do campo da psiquiatria infantil. Exemplo disso pode ser evidenciado com as publicações de diversos pediatras e psiquiatras, como René Spitz, Margareth Mahler, Donnald Winnicott, René Diatkine, Serge Lebovici, Françoise Dolto e Maud Mannoni[3] que, influenciados pela psicanálise, produziram vasto material teórico sobre os temas do autismo e da psicose infantil.

Esse fato também pode ser observado ao analisarmos a constituição da psiquiatria da infância nos Estados Unidos. Segundo Cirino (2001), deve-se destacar quatro acontecimentos como responsáveis por impulsionar o campo a partir da década de 1930. São eles: o surgimento da psicometria, que definiu um método de avaliação e classificação por meio do teste de desenvolvimento da inteligência

---

3. René Spitz: médico e psicanalista austríaco (1887-1974). Margareth Mahler: médica e psicanalista húngara (1897-1985). Donnald Winnicott: pediatra e psicanalista inglês (1896-1971). René Diatkine: psiquiatra e psicanalista francês (1918-1998). Serge Lebovici: psiquiatra e psicanalista francês (1915-2000). Françoise Dolto: pediatra e psicanalista francesa (1908-1988). Maud Mannoni: psicanalista francesa (1923-1998).

concebido por Alfred Binet e Théodore Simon; o advento da psiquiatria psicodinâmica, que considerava importante a história de vida do paciente, incluindo o período da infância; a criação dos tribunais de menores, que tinham como objetivo julgar a "criança delinquente", provocando a psiquiatria a apresentar respostas sobre as causas dos comportamentos; e, por fim, a criação do movimento da higiene mental, sobre o qual trataremos a seguir.

Para concluir, podemos observar que a psiquiatria infantil surge, na Europa, em torno da preocupação com a deficiência mental e, nos Estados Unidos, passa a ocupar-se também das questões sobre a delinquência infantil. No contexto brasileiro, podemos observar forte influência de ambos os aportes teóricos. O campo da psiquiatria infantil funda-se tomando tanto a delinquência quanto a deficiência mental como objetos de estudo e intervenção.

Durante o século XIX, no Brasil, a medicina parece não ter se interessado especificamente pelos desvios da infância. Nesse período, as preocupações com a criança limitavam-se ao funcionamento dos colégios internos da elite, aos expostos da Misericórdia, ao aleitamento materno e à consequente expulsão das amas de leite. A idiotia e a surdo-mudez na infância eram citadas nos textos médicos apenas como resultados dos descarregamentos morais e dos casamentos consanguíneos (Lobo, 2018). As mudanças sociais, políticas e econômicas derivadas da Proclamação da República podem ser apontadas como fatores fundamentais para a consolidação do campo da psiquiatria da infância. Apresentaremos a seguir uma narrativa histórica do contexto brasileiro sobre a constituição e efetivação de teorias e práticas de cuidado voltadas às crianças e aos adolescentes em saúde mental.

2.2. A SAÚDE MENTAL INFANTOJUVENIL NO CONTEXTO BRASILEIRO

Exporemos, nesta etapa, informações relevantes sobre a constituição do campo da saúde mental infantojuvenil no Brasil a partir do período da colonização portuguesa. Para tanto, destacaremos, em diferentes momentos históricos, rupturas e continuidades de práticas e discursos destinados às crianças e adolescentes nesta área.

2.2.1. Período colonial no Brasil

A documentação do período da colonização portuguesa na América Latina indica que as crianças eram descritas por palavras que aludiam à ideia de insignificância, como "meudos",[4] "ingênuos" ou "infantes". Esse fato, segundo Del Priore (2010), denota a concepção do período, segundo a qual as crianças eram indivíduos de menor importância dentro do corpo social.

Para compreender o significado do ser criança dentro do regime colonial no Brasil, faz-se necessário analisá-lo em relação ao contexto social e econômico do período, que se estrutura a partir da colonização e da prática da escravidão (Faleiros, 2009). Segundo Arantes (2009), durante a colônia não existia a categoria genérica "criança", sobre a qual fosse possível inferir a noção de direito universal. Na verdade, isso não era apenas em relação à infância; podemos observar que a própria noção de igualdade não era reconhecida pela sociedade colonial, estruturada justamente a partir da desigualdade entre senhores e escravos. No tocante à assistência à infância, Rizzini e Pilotti

---
4. Versão antiquada de "miúdos".

(2009) destacam que ela era regulamentada pelo governo de Portugal e aplicada, no Brasil, por representantes da Corte e da Igreja Católica.

Vale destacar três aspectos importantes da sociedade colonial que nos permitem compreender o lugar ocupado pelas crianças: o valor da propriedade, a religião e a tradição. De acordo com Costa (2004), a organização econômica tem papel fundamental na desvalorização da infância, uma vez que a sociedade colonial, dividida entre senhores e escravos, estruturava-se pela posse ou não da propriedade privada. Tratava-se, assim, de um rígido sistema de monopólios e privilégios que garantia riqueza, terra e poder aos senhores latifundiários (Lobo, 2008).

O estudo de Arantes (2009) aponta que embora a infância não fosse reconhecida como categoria, as crianças da colônia eram separadas em grupos para os quais diferentes ações e práticas eram destinadas. O primeiro grupo era composto pelos "filhos de família", que ficavam sob controle do pai. Havia também os "meninos da terra", que ficavam sob o cuidado dos colégios jesuítas ou em suas aldeias; os "filhos de escravos", sob a tutela e posse do senhor; e os "órfãos", chamados também de "desvalidos", "expostos" ou "enjeitados", que eram recolhidos em instituições mantidas pela caridade. Trataremos a seguir das características e práticas específicas de cada um desses grupos.

2.2.1.1. Os filhos de família

Durante o período colonial, a criança ocupava posição secundária no contexto familiar, pois seu núcleo organizava-se em torno do pai, não dos filhos. De acordo com Costa (2004, p. 153), "a família funcionava como um epicentro do direito do pai que monopolizava o interesse da prole e da mulher". Dessa forma, até o século XIX, a criança estava restrita ao papel de filho e, para este, não se reconhecia necessidade alguma de cuidados específicos ou afeto; pelo contrário, incentivava-se a utilização de castigos físicos como forma de ensinar a obediência e servidão ao pai (Costa, 2004). Segundo Ribeiro (2006, p. 29), "a palmatória e a vara de marmelo eram companheiras zelosas do bom comportamento". Esse fato é também corroborado por Del Priore (2010, p. 97), ao destacar que, enquanto o ato de mimar as crianças era tido como prejudicial e, portanto, repudiado, o ato de castigar as crianças era considerado uma forma de cuidado e "a correção era vista como uma forma de amor".

O poder irrestrito do pai era necessário para garantir a subserviência da mulher e dos filhos. O patriarca era tido como o único capaz de manter a ordem familiar e cuidar dos interesses econômicos do grupo e "seu poder, prestígio e honorabilidade não podiam ser tocados, sob pena de ruir todo o edifício familiar" (Costa, 2004, p. 156).

Nesse contexto, o filho das famílias abastadas, durante o período colonial, ocupa uma posição estratégica não enquanto criança, mas como parte de um mecanismo de preservação do patrimônio. Isso porque a sucessão de bens do pai deveria ocorrer por meio das leis do direito de primogenitura e morgadio, que determinavam o filho mais velho como herdeiro único e impediam divisão e alienação da herança (Pereira e Pereira, 2006). Observa-se aqui que essas leis, além de mecanismo para manter a riqueza e o poder das famílias, perpetuavam a lógica patriarcal da sociedade, já que o primogênito, uma vez de posse da herança do pai, tornava-se o novo chefe da família, opressor e autoritário com seus filhos e esposa (Costa, 2004).

Vale destacar que esse fato não modifica a relação do patriarca com as crianças, pois o primogênito apenas alcançava importância social ao tornar-se adulto com possibilidade de assumir a herança familiar.

2.2.1.2. Os filhos da terra

A atuação dos jesuítas sobre os "filhos da terra", isto é, as crianças indígenas, tinha como principal objetivo a catequização com a finalidade de imprimir-lhes novas normas e padrões de comportamento (Rizzini e Pilotti, 2009).

Arantes (2009) destaca que, após chegar ao Brasil e iniciar a colonização, a Coroa Portuguesa assumiu três novos objetivos: povoar a terra para assegurar o território, executar o tráfico de riquezas e controlar o povo indígena. Para tanto, utilizou-se da catequese, do aldeamento e do ensino religioso. Segundo Shigunov Neto e Maciel (2008), o envio dos jesuítas à colônia ocorreu justamente com o objetivo de converter os indígenas ao catolicismo por meio da catequese e do ensino da língua portuguesa. Dessa forma, a atuação da Companhia de Jesus foi fundamental para o processo de colonização do Brasil.

De acordo com Arantes (2009), sob a perspectiva dos portugueses, a dificuldade de dominação e conversão dos indígenas se dava por ser um povo sem "rei, lei e fé". Isto é, os povos indígenas não reconheciam costumes e práticas europeus, como cultura ou religião, e não se organizavam dentro das mesmas estruturas de poder vigentes em Portugal (Arantes, 2009). Esse fato pode ser observado nas descrições de indígenas registradas nas cartas produzidas pelo padre José de Anchieta. Destacamos um trecho de uma de suas cartas, escrita em 1554:

> Êstes [sic] entre os quais vivemos estão espalhados 300 milhas (segundo nos parece) pelo sertão; todos eles se alimentam de carne humana e andam nús; [sic] moram em casas feitas de madeira e barro, cobertas de palha ou com cortiças de árvore; não são sujeitos a nenhum rei ou capitão, só têm em alguma conta os que alguma

façanha fizeram, digna do homem valente, e por isso comumente recalcitram, porque não ha [sic] quem os obrigue a obedecer; os filhos dão obediência aos pais quando lhes parece; finalmente, cada um é rei em sua casa e vive como quer; pelo que nenhum ou certamente muito pouco fruto se póde [sic] colher deles, se a força e o auxílio do braço secular não acudirem para domá-los e submetê-los ao jugo da obediência. (Anchieta, 1933, p. 45)

Diante da dificuldade de submissão do povo indígena, o governo português determinou e executou ações violentas, sujeitando a população às leis da Coroa (Arantes, 2009). Além disso, as crianças indígenas tornaram-se alvo importante da ação dos jesuítas como estratégia para consolidar a conversão ao catolicismo, pois, segundo Chambouleyron (2010), a conversão das crianças era considerada mais fácil e importante para alcançar a conversão dos adultos. Dessa forma, a ação dos jesuítas voltou-se prioritariamente para a catequização e educação das crianças. De acordo com Arantes (2009), no ano de 1585 a Companhia de Jesus já havia fundado cinco casas de acolhimento e três colégios destinados a essa população.

Dessa forma, vale observar que as instituições para a educação infantil têm seu início no período colonial por meio da ação educacional jesuítica voltada para crianças das aldeias indígenas. Segundo Rizzini e Rizzini (2004), os jesuítas atuaram como os principais agentes educacionais até serem expulsos pelo Marquês de Pombal em meados do século XVIII.

Assim, podemos concluir que, diferentemente das crianças da classe abastada da sociedade colonial brasileira, que ficavam a cargo dos cuidados do pai, as crianças indígenas foram enviadas a instituições de caráter religioso que ficaram encarregadas de seu cuidado e educação.

2.2.1.3. Os filhos de escravos

Em relação aos "filhos de escravos", podemos observar que o número de crianças escravas era bastante reduzido em comparação à população de adultos. Esse fato se justifica pela condição de vida da população de escravos e porque, apesar do intenso tráfico negreiro e uso do trabalho escravo ocorridos no Brasil, as crianças nunca representaram fonte de lucro aos senhores rurais. De acordo com Rizzini e Pilotti (2009), importar um escravo adulto era mais barato do que custear a criação de um bebê para trabalho escravo. Outro fator importante, destacado por Faleiros (2009), é que a taxa de crescimento da população escrava era considerada nula ou até negativa devido ao número reduzido de mulheres escravas em comparação aos homens. De acordo com Góes e Florentino (2010, p. 178), "em tempo de grandes desembarques, chegava a haver 7 homens para cada 3 mulheres".

Somados a estes, podemos citar outros fatores que contribuíam com a diminuição do número de crianças escravas, como a ocorrência de abortos por maus-tratos sofridos pelas gestantes, a alta mortalidade infantil em decorrência das condições do cativeiro, os infanticídios praticados pelas escravas como forma de não submeter seus filhos à vida em escravidão e a separação dos bebês de suas mães com a finalidade de uso da escrava lactante como ama de leite (Faleiros, 2009).

Dessa forma, segundo Góes e Florentino (2010), não havia um mercado de crianças escravas. Os que sobreviviam à morte prematura se tornavam propriedade individual do senhor e, muitas vezes, serviam como brinquedos aos filhos dos senhores ou auxiliavam os adultos no trabalho nas fazendas (Faleiros, 2009).

Ademais, outro dado relevante que pudemos apreender é a estimativa descrita por Góes e Florentino (2010) de que oito em cada dez crianças com 11 anos de idade viviam desacompanhadas de seus pais, já que a família de escravos era constantemente separada em decorrência de venda ou falecimento. A criação desses órfãos ocorria pelo grupo de escravos adultos da fazenda, que lhes ofereciam afeto, cuidado e referências culturais. Ao completar 7 anos, a criança escrava assumia a condição de aprendiz e, a partir dos 12, já era considerada mão de obra escrava (Arantes, 2009).

2.2.1.4. Os "órfãos", "desvalidos", "expostos" e "enjeitados"

O abandono de crianças e o infanticídio eram práticas recorrentes durante o período colonial (Costa, 2004). Segundo Orlandi (1985, p. 75):

> o número de crianças abandonadas nas ruas de Salvador causava escândalo. As mães deixavam os filhos à noite nas ruas sujas e estes eram frequentemente devorados por cães, porcos ou outros animais. Outras vezes morriam de fome ou exposição aos elementos. Certas mães deixavam os filhos nas naves das igrejas ou portas de conventos.

A assistência à infância abandonada nesse período era exercida de maneira formal e informal. Formalmente, as Câmaras Municipais eram responsáveis pelo cuidado com os expostos e o praticavam tanto por meio de convênios, que transferiam o cuidado a outras instituições — as Santas Casas de Misericórdia (Marcílio, 2006) —, quanto por meio de colocação familiar (Orlandi, 1985; Russell-Wood, 1981). Importante destacar, entretanto, que, mesmo não exercendo diretamente o cuidado com as crianças, a municipalidade era responsável pelos encargos financeiros.

O sistema de colocação familiar era utilizado tanto pela Câmara Municipal quanto pelas Santas Casas, e consistia no pagamento de amas de leite, durante o período de três anos, que se responsabilizavam pela alimentação, vestuário e cuidado da criança exposta (Orlandi, 1985; Russell Wood, 1981).

A assistência informal às crianças abandonadas ocorria por meio de famílias que as recolhiam e assumiam seus cuidados. Essas crianças eram popularmente denominadas de "filhos de criação". Segundo Marcílio (2006), esta era uma prática recorrente, já que o costume dos "filhos de criação" foi largamente valorizado e difundido, motivado tanto por crenças religiosas que estimulavam ações de caridade quanto por motivos econômicos, já que a municipalidade oferecia auxílio financeiro para essa ação. As famílias que assumiam os cuidados por uma criança deveriam, em primeiro lugar, batizá-la na Igreja e, posteriormente, recorrer à Câmara para recebimento do auxílio. Assim, na medida em que a população de expostos aumentava, a municipalidade tinha que arcar com gastos que aumentavam substancialmente (Marcílio, 2006).

As Câmaras Municipais, entretanto, ainda segundo a autora, não cumpriam de forma adequada a assistência para esse grupo de crianças, tanto no que diz respeito ao cuidado quanto no que se refere ao repasse de verbas para as famílias e instituições. Assim, em sua maioria, as crianças expostas tinham dois destinos: morriam precocemente ou dependiam da caridade para viver (Marcílio, 2006).

Podemos perceber, como bem aponta Faleiros (2009), que, desde o século XVII, o cuidado com as crianças abandonadas representava um problema para o Estado. Durante o século XVIII, observa-se um aumento no número de crianças expostas, o que impulsiona a criação de novas práticas de assistência.

Segundo Russell-Wood (1981, p. 236), na primeira década do século XVIII, a municipalidade já havia "abandonado suas responsabilidades legais pelo bem-estar dos enjeitados". Nos anos seguintes, observa-se um período de intensa negociação entre a municipalidade e a Santa Casa de Misericórdia para definição de responsabilidades sobre o cuidado com os expostos. Em 1726, de acordo com Russell-Wood (1981) e Faleiros (2009), o arcebispo e o vice-rei estabelecem as tratativas para que a Misericórdia instituísse o sistema de Roda de Expostos, já em funcionamento na Europa. O governo ofereceu à Irmandade um sistema de financiamento e privilégios que custearia o cuidado com os enjeitados. Assim, nesse mesmo ano, é criada a primeira Roda dos Expostos em Salvador. Doze anos mais tarde, em 1738, é criada a segunda Roda de Expostos, no Rio de Janeiro, e, em 1789, cria-se a terceira Roda em Recife (Faleiros, 2009; Russell-Wood, 1981).

É importante salientar, entretanto, que, conforme aponta Russell--Wood (1981, p. 251), "o corpo de guardiões de 1726 foi enganado por promessas". Isto é, o que se verificou durante as décadas seguintes de funcionamento das Rodas foi que a Misericórdia não recebeu "nem os privilégios nem o dinheiro com que financiar a assistência aos enjeitados" (Russell-Wood, 1981, p. 250). Assim, podemos concluir que o governo se utilizou da ação caritativa das Santas Casas de Misericórdia para, paulatinamente, desresponsabilizar-se pela assistência às crianças abandonadas.

2.2.1.5. A Roda dos Expostos

A primeira roda destinada a receber crianças foi inaugurada em 1198, no Hospital do Espírito Santo em Roma e, a partir dessa, a construção de Rodas de Expostos tornou-se prática recorrente em toda a Europa (Russell-Wood, 1981). O sistema das Rodas dos Expostos atendeu milhares de crianças, como podemos ver nos dados registrados em 1852, que apontam que, nesse ano, 3.303 crianças deram entrada na Roda de Paris (Rizzini e Rizzini, 2004).

O número de crianças expostas nas rodas no Brasil[5] nunca se aproximou do número de expostos na Europa (Rizzini e Rizzini, 2004). Entretanto, seu funcionamento e o processo de recebimento dos bebês eram idênticos aos praticados no continente europeu (Marcílio, 2006).

A Roda dos Expostos constituía-se como um aparelho cilíndrico dotado de uma única abertura e fixado nos portões ou muros das instituições de acolhimento dos expostos. Ao girar o dispositivo em torno de seu próprio eixo, a abertura podia posicionar-se em direção à rua ou para o interior do edifício. A tecnologia do aparato permitia que a criança fosse abandonada sem que a identidade do responsável fosse revelada.

Em relação às causas para o abandono no contexto brasileiro, podemos dizer que estavam associadas a motivações diversas. Segundo Arantes (2009), alguns bebês eram abandonados pelos senhores para que pudessem alugar as escravas como amas de leite, enquanto outros filhos de escravos eram entregues à roda com a esperança de livrá-los da vida em escravidão. Havia ainda outros motivos, como a falta de condições financeiras da família ou o nascimento de filhos ilegítimos, frutos de relações não matrimoniais. Por fim, observa-se também a ocorrência de crianças doentes ou mortas, entregues à roda com a finalidade de receberem cuidados ou enterro digno.

Após o recebimento da criança, segundo Russell-Wood (1981), costumava-se deixá-la por algum tempo em isolamento, a fim de

---

5. Sobre a Roda dos Expostos no Brasil, vale a pena citar o conto *Pai contra mãe*, de Machado de Assis (Assis, 1955).

detectar a presença de doenças infecciosas. Posteriormente, uma ama de leite assumia seus cuidados até os 3 anos de vida. O autor observa que as amas de leite deveriam comparecer à Misericórdia de três em três meses para receber o pagamento, não havendo assim, por parte da instituição, qualquer acompanhamento ou fiscalização sobre a forma de cuidado exercida por elas. Esse fato possibilitou a ocorrência de práticas de maus-tratos, abuso e negligência em relação às crianças entregues. Após os 3 anos, a criança deveria retornar à Casa dos Expostos, que se responsabilizaria por encaminhá-la a outra família ou instituição. Os meninos, por exemplo, poderiam ser encaminhados para acolhimento como aprendiz em algum ofício e as meninas poderiam ser encaminhadas à Casa de Recolhimento (Faleiros, 2009).

Marcílio (2006) destaca que, ao todo, foram criadas quinze rodas no Brasil. Além de Salvador, Rio de Janeiro e Recife, as cidades de São Paulo, Porto Alegre, Rio Grande, Pelotas, Desterro, Campos (RJ), Cuiabá, Vitória, Cachoeira (BA), Olinda, São João del-Rei e São Luís também passaram a abrigar as rodas que, depois de instaladas, recebiam a quase totalidade das crianças enjeitadas.

Apesar disso, ainda conforme a autora, as rodas não foram suficientes para assistir aos expostos, inclusive nos municípios onde estavam instaladas. Isso se deve ao fato de que, segundo Marcílio (2006, p. 161), "funcionavam precariamente, com pouca verba, e na maioria dos casos em prédios improvisados, acanhados, insalubres, sem móveis, berços, água encanada, esgoto, luz, ventilação".

Ademais, diversos autores apontam para a ocorrência de alta mortalidade infantil nas rodas. Segundo Orlandi (1985), no ano de 1758, a Roda de Salvador recebeu 79 crianças e, destas, 49 morreram. Quase 150 anos mais tarde, entre 1920 e 1930, a mesma roda recebeu 1.530 crianças e apenas 387 sobreviveram. Essa realidade pode ser observada em todas as outras instituições do país; de acordo com Rizzini (2009), o número de mortes das crianças expostas na roda do Rio de Janeiro chegou a representar 70% nos anos de 1852 e 1853 (Teixeira apud Rizzini, 2009).

O alto índice de mortalidade nas rodas e a compreensão de que esse sistema acabava por facilitar o abandono de crianças foram os principais argumentos utilizados pelos médicos higienistas e pelo governo republicano para defender a necessidade de reestruturação no modelo de atenção à infância; dentro dessa reestruturação, a Roda dos Expostos seria extinta (Rizzini, 2009).

Podemos concluir que, do período colonial até meados do século XIX, as práticas em relação à infância no Brasil obedeciam a uma lógica caritativa de assistência. Sendo assim, as ações desenvolvidas para o cuidado com a infância calcadas na caridade e beneficência eram exercidas por instituições religiosas com práticas imediatistas, sem qualquer finalidade de mudança social. As instituições recebiam subsídios do governo e doações de membros da alta sociedade, que tinham como inspiração exercer a fraternidade e obter reconhecimento social como benemérito (Marcílio, 2006).

A existência dessas instituições se justificava, segundo Freire e Leony (2011), pelo argumento de evitar práticas condenadas, tais como o aborto e o infanticídio. Assim, como bem destacam Sanglard e Ferreira (2014), a assistência nesse período não se destinava a garantir direitos ou promover qualquer mudança social. Ao contrário, tinha apenas a pretensão de "suavizar" a pobreza e separar, dentro do grupo de crianças atendidas, aquelas aptas ao trabalho e, no caso das meninas, ao matrimônio.

Em virtude das mudanças políticas e econômicas ocorridas a partir da segunda metade do século XIX, a ação caritativa exercida em grande parte pelas Santas Casas de Misericórdia gradualmente perde sua força e é substituída por ações filantrópicas embasadas no discurso médico-científico e gerenciadas pelo Estado. A Proclamação da República, portanto, produziu intensa modificação no papel da criança e nas práticas destinadas à sua assistência e cuidado.

2.2.2. Período republicano no Brasil

A passagem do século XIX para o século XX é marcada por mudanças profundas no contexto político, econômico e social do Brasil. O fim do regime de escravidão em 1888, a queda da monarquia e a Proclamação da República em 1889, o início do processo de industrialização, a chegada maciça de imigrantes, o êxodo rural e a urbanização das cidades brasileiras são acontecimentos importantes, que modificaram toda a estrutura da sociedade brasileira e alteraram substancialmente o significado da infância e as práticas de cuidado destinadas às crianças e adolescentes. Segundo Marcílio (2006), nesse período vemos a passagem de uma sociedade marcada pelo domínio das oligarquias na política nacional para uma sociedade de ordem econômica capitalista e industrial, liderada pela elite burguesa. Apesar disso, podemos observar que a instalação da República no Brasil acarretou, ao mesmo tempo, processos de ruptura e continuidade. Isto é, verifica-se uma ruptura em relação à forma pessoal de governar do imperador, mas percebe-se a continuidade das relações clientelistas e coronelistas que sustentavam a estrutura de exercício do poder.

Além das transformações econômicas, a Proclamação da República representa uma mudança importante nas ações do Estado e nos valores e ideais da época (Marcílio, 2006). O Estado preocupa-se agora em efetivar sua emancipação, constituir-se como país e estabelecer a identidade da nação brasileira. O lema republicano é a modernização, e as práticas coloniais passam a assumir o significado de atraso. A nova elite intelectual e política, alicerçada em ideais nacionalistas, estava à frente do projeto de desenvolvimento do país. O Brasil era um "novo" país que deveria ser reestruturado e, para tanto, era necessário que novas regras fossem inseridas no funcionamento social. Nesse contexto, o Estado alia-se à medicina higienista e, juntos, dedicam-se à construção de novas formas de governo e controle da população (Rizzini, 2008). Sobre a atuação e consequência da inserção da medicina no cenário político brasileiro, vale a pena destacar:

> O século XIX assinala no Brasil o início de um processo de transformação política e econômica que atinge igualmente o âmbito da medicina, inaugurando duas de suas características, que não só têm vigorado até o presente como têm se intensificado cada vez mais: a penetração da medicina na sociedade, que incorpora o meio urbano como alvo da reflexão e da prática médica, e a "situação da medicina como apoio científico indispensável ao exercício do poder do Estado (Machado et al., 1978, p. 155).

Dessa forma, podemos observar que, nesse contexto, inaugura-se uma aliança entre a medicina e o Estado como estratégia de governo que, de acordo com Orlandi (1985), buscava efetivar modificações estruturais nas cidades, como a reorganização de ruas e cemitérios, mas também intentava incidir sobre o comportamento da população. Assim, o autor destaca que essa união "agiu buscando novos valores, convencida de que o Estado era mais importante que a família. Para tanto, criou uma série de medidas normalizadoras, com o fim de modificar o comportamento" (Orlandi, 1985, p. 57).

A validação do discurso da filantropia dos médicos higienistas por parte do governo ocorreu, conforme salienta Marcílio (2006), porque a elite brasileira encontrou na prática médica uma forma de controle sobre a sociedade, garantindo a manutenção do funcionamento social e o emudecimento de conflitos. Segundo a autora, "a utopia da filantropia almejava uma sociedade harmônica, estável, feliz. Os meios para alcançá-la passavam pela ética e pela educação. Incutir sentimentos de ordem, de respeito às normas, de estímulo pela família, de amor ao trabalho" (Marcílio, 2006, p. 206).

Dessa forma, o Estado, amparado pelo ideal nacionalista, inclina-se a desenvolver novas práticas de controle de sua população que incidem, como vimos, nos modos de relação entre os indivíduos. Silva Júnior e Garcia (2010, p. 615) destacam que, de acordo com essa concepção, "os pobres, as prostitutas, os loucos, os cortiços, as crianças e todos os locais (...) precisariam ser tutelados para que melhorassem suas condições de higiene e não oferecessem danos ao restante da população".

Vale salientar que nesse novo contexto, resultante da coalizão entre governo e ciências médicas, destaca-se a preocupação em relação à infância, que se torna o foco principal das intervenções do Estado, fundamentadas pelas teorias do positivismo, do evolucionismo e dos ideais da puericultura. Em razão disso, cuidar da criança passa a significar cuidar da nação, ou seja, a nova geração deve ser educada visando ao futuro do Brasil.

Nesse contexto, o surgimento das especialidades médicas e jurídicas, observado a partir da segunda metade do século XIX, colabora para a criação e desenvolvimento de novas práticas de cuidado destinadas à população e direcionadas, principalmente, às crianças e adolescentes (Sanglard e Ferreira, 2014; Marcílio, 2006; Rizzini, 2008). De acordo com Rizzini (2009b, p. 105), o discurso dos médicos higienistas se debruça sobre a infância, "produzindo saberes que indicavam a consciência da importância da infância para o ideal de nação civilizada almejado pelas elites intelectuais que dirigiam o país".

A infância torna-se então o principal alvo sobre o qual o Estado deveria intervir por meio da construção de práticas de normatização dos indivíduos. Zelar pela criança passa a ser um gesto de patriotismo, respaldado por um novo discurso científico que se fundamenta em ideais evolucionistas e eugenistas (Rizzini, 2008). A intervenção do Estado em relação à infância, portanto, deveria seguir a lógica da prevenção e profilaxia, tendo como objetivo não as crianças em si, mas o adulto em que se tornariam. Em outras palavras: o Estado deveria assistir as crianças a fim de transformá-las em adultos saudáveis e produtivos:

> 'O problema da criança' começa a adquirir uma dimensão política (...). Não se tratava de ressaltar apenas a importância, mas sim a urgência de intervir, educando ou corrigindo 'os menores' para que estes se transformassem em indivíduos úteis e produtivos para o país, assegurando a organização moral da sociedade (Rizzini, 2009b, p. 109).

Desse modo, a medicina agora fundamentada pela lógica filantrópica científica alia-se à nova elite intelectual e política do Brasil, responsabilizando-se pela transformação dos costumes e valores da população e pelo cuidado com a infância (Costa, 2007).

De acordo com Rizzini e Pilotti (2009), os médicos higienistas defendiam o modelo filantrópico de assistência, mas combatiam as ações caritativas exercidas nos séculos anteriores. As ações da filantropia higienista diferenciavam-se da caridade principalmente em relação aos métodos e resultados esperados. Segundo Arantes (2009), a caridade ocupava-se principalmente da pobreza e realizava assistência em instituições de caráter religioso e asilar, apoiada na concepção de "dever de salvação das almas". A filantropia, por sua vez, defendia a utilização de métodos científicos para alcançar objetivos concretos, como a prevenção ou recuperação de indivíduos desviantes (Rizzini e Pilotti, 2009). Vale ressaltar, entretanto, que a filantropia e a caridade tinham em comum a preservação da ordem social vigente e a adoção de práticas de confinamento (Arantes, 2009; Rizzini, 2009). Sobre o modelo filantrópico de assistência à infância, Rizzini (apud Arantes, 2009, p. 190) ressalta:

> O modelo (...) parte da recusa ao modelo caritativo, acusado de fomentar a miséria e a improdutividade do pobre. O projeto da assistência nacional, metódica e baseada nos cânones científicos, atende aos anseios de disciplinização da sociedade, do novo regime político (...). Impõe-se um novo modelo de atendimento à infância abandonada e delinquente onde o asilo funcionara como uma microssociedade onde os preceitos da higiene médica são obedecidos, onde a educação é dirigida para o trabalho e onde o poder disciplinador atinge o efeito moral desejado da introjeção da vigilância dos internos.

Os métodos científicos sobre os quais os médicos higienistas traçavam suas ações foram fortemente influenciados por correntes teóricas europeias. Podemos destacar a influência das teorias positivistas, evolucionistas e os ideais eugenistas. As ideias de Lombroso,[6] por exemplo, difundiram a concepção de que a criminalidade teria fatores hereditários e que a educação rígida deveria ser instrumento de combate a tendências criminosas. Da mesma forma, outros pensadores

---

6. Cesare Lombroso (1835-1909), médico psiquiatra italiano, fundador da Escola Positiva de Direito Penal.

positivistas, como Auguste Comte, com a finalidade de alcançar o progresso, defendiam a separação de indivíduos anormais em instituições para correção de defeitos e regeneração (Marcílio, 2006). Por último, as teorias eugenistas,[7] amplamente difundidas na Europa, defendiam a existência de uma raça humana superior que deveria ser preservada por meio da manutenção de sua pureza e eliminação ou afastamento de indivíduos que representassem degenerescência. Vale destacar que os ideais eugenistas embasaram também a ideologia nazista da "raça pura" e possibilitaram a validação do extermínio por meio do discurso da ciência.

Fundamentados em teorias evolucionistas, os médicos higienistas viam a infância como o período primordial para intervenção e adequação de comportamentos. A hereditariedade, como vimos, era tida como determinante, a ponto de realçar a periculosidade das classes pobres. Segundo Serra (2011), essas premissas corroboravam a importância da intervenção médica no corpo social, tida como ciência capaz de garantir a melhoria da nação brasileira por medidas preventivas. Sobre o papel da medicina nesse período, Ribeiro (2006, p. 30) aponta que "a ciência médica se torna poderosa e influente na sociedade, recebendo dela e dos poderes políticos constituídos 'autorização' para descobrir, propor e impor normas de saúde e equilíbrio que beneficiassem essa mesma sociedade".

Desse modo, podemos observar que a prática médica assume papel central para o desenvolvimento do país. O bom desenvolvimento da população dependia da criação de "mecanismos de regulação social",

---

7. Vale observar que, etimologicamente, a palavra "eugenia" em grego significa *eu* ("bom") + *genia*, ("origem", "raça"), isto é, "raça boa ou pura". A teoria da eugenia foi criada pelo inglês Francis Galton (1822-1911) na segunda metade do século XIX. No Brasil, a Sociedade Eugênica de São Paulo foi fundada por Renato Kehl em 1918, sendo composta de 140 membros da elite médica da cidade de São Paulo (Reis, 1994).

principalmente para dar conta das "classes inferiores" e "portadoras de degenerescências" (Junior e Garcia, 2010, p. 614).

Inicialmente, em relação à infância, as duas maiores preocupações do Estado e dos médicos higienistas foram a mortalidade e a delinquência infantil (Sanglard e Ferreira, 2014). O alto índice de mortalidade infantil era uma realidade desde o período colonial. Naquela época, entretanto, a morte de crianças não era considerada um problema sobre o qual o governo deveria intervir; pelo contrário, era naturalizada. De acordo com Ribeiro (2006), o discurso do catolicismo no Brasil inspirava uma atitude de conformismo e resignação. A Igreja Católica criou a figura do "anjinho" para representar o filho que morreu puro e inocente (Serra, 2011) e, além disso, defendia a concepção de primazia da vida após a morte em relação à vida presente, a "vida na Terra" (Costa, 2004). Assim sendo, Orlandi (1985) ressalta que muitas famílias viam com satisfação a morte do filho, considerando que partia ao encontro de Deus. Exemplo disso pode ser verificado no trecho destacado por Costa (2004) que descreve o relato de uma mãe sobre a morte do filho: "Ó como estou feliz, pois que morreu o último dos meus filhos! (...) quando eu morrer e chegar diante dos portões do céu, nada me impedirá de entrar, pois ali estarão cinco criancinhas a me rodear e a puxar pela saia exclamando: Entra mamãe, entra!" (Costa, 2004, p. 160).

Após a proclamação da República, entretanto, a mortalidade infantil passou a ser considerada um problema de saúde com necessidade de intervenção do Estado. Por conseguinte, para sanar a morte das crianças, os médicos higienistas formularam diversas ações que tinham como alvo realizar intervenções no meio ambiente, nas instituições e nas famílias (Rizzini, 2008). O sistema de entrega de bebês e os cuidados das famílias com seus filhos foram os principais fatores apontados como responsáveis pela alta mortalidade infantil. Sobre as diferentes atribuições de significados à mortalidade infantil, foi observado que:

> No Brasil, os médicos higienistas também são influenciados pelas ideias de Darwin e reagem com vigor contra o alto índice de mortalidade infantil. A criança morta deixou de ser o 'vetor da esperança religiosa do país', para se tornar um atestado da incompetência, imprudência e ignorância de quem cuidava dela: parteiras, escravas, enfim, os próprios pais que a elas entregavam seus filhos. (Cirino, 2001, p. 28)

Vemos que, sob a ótica dos médicos higienistas, era necessário extinguir a Roda dos Expostos e educar as mães para garantir não apenas a sobrevivência das crianças, mas também sua boa formação. Como bem ressalta Marcílio (2006, p. 198), para o ideal da filantropia higienista, "não se tratava mais de salvar as almas dos bebês ministrando o batismo e de praticar a virtude de amor ao próximo, tratava-se de dar assistência pública, bases científicas e equipamentos bem estruturados".

Dessa maneira, as diretrizes sobre o aleitamento e cuidados com o corpo dos bebês sofreram drásticas modificações. A prática de realizar o aleitamento por escravas ou amas mercenárias foi fortemente combatida e apontada como uma das causas da mortalidade infantil, somada à demora das famílias em encaminhar seus filhos para avaliação médica. Além disso, segundo Orlandi (1985, p. 59), "a falta de educação física, moral e intelectual das mães" e a formação familiar com casamentos consanguíneos ou desproporção de idade também foram apontadas como causa de mortalidade. A ocorrência de nascimentos de filhos ilegítimos foi rechaçada pelos ideais higienistas que defendiam a família "estável e legítima". Da mesma forma, a Roda dos Expostos também foi condenada pelos médicos higienistas (Marcílio, 2006), pois, conforme aponta Costa (2004), favorecia a mortalidade em decorrência das condições precárias de acomodações e assistência e, além disso, colaborava com a prática de abandono de crianças por proteger a identidade de seus responsáveis.

Em vista disso, para a efetivação de novas práticas em relação à criança, fez-se necessário modificar também os costumes e modos de relação no interior das famílias. Ou seja: para alcançar seus objetivos, o movimento higienista empenhou-se em modificar toda a "estrutura socioeconômica da família, o papel da mulher na casa e a atitude do casal diante da vida do filho" (Costa, 2004, p. 166). Assim, com a criação de medidas normalizadoras, o Estado, aliado ao discurso médico, centrou sua intervenção na infância e, com isso, atingiu toda a estrutura familiar, modificando os papéis, valores e comportamentos de seus integrantes.

A concepção de família no século XX se modifica então em consequência das mudanças sociais, políticas e econômicas advindas do processo de emancipação e reestruturação do país. Nas palavras de Donzelot (1986, p. 13), é possível observar "a família ocultar-se em detrimento de um outro, o social, do qual ela é ao mesmo tempo rainha e prisioneira".

Portanto, podemos observar que o discurso médico, aliado à elite política, com o objetivo de reestruturar a nação brasileira, incidiu sobre a família, modificando os modos de relação de toda a população. Segundo Orlandi (1985, p. 57), "através de conceitos sobre termos como amor, paixão, alma, o discurso dos médicos infiltrava-se mais facilmente na moral das famílias".

A medicina destituiu, assim, os preceitos religiosos da Igreja Católica que regiam valores e costumes no Brasil. Paulatinamente, o médico assume a função, antes exercida pelo padre, de determinação e direcionamento de comportamentos e, à medida que as famílias "começavam a se sentir incapazes de decidirem sozinhas e de protegerem a saúde e a vida das crianças e dos adultos, o médico tornava-se imprescindível para resolver os inúmeros problemas familiares" (Orlandi, 1985, p. 58).

A família patriarcal do período colonial, estruturada pela proteção à propriedade e às necessidades dos adultos, também foi fortemente atacada. Conforme aponta Cirino (2001, p. 29), "a organização da família colonial era, portanto, funesta à infância e deveria sofrer transformações".

Costa (2004, p. 173) salienta que "na família higiênica, pais e filhos vão aprender a conservar a vida para poder colocá-la a serviço da nação". Os higienistas empenharam-se em alterar a centralidade do pai, definindo limites ao seu poder. Na família do período republicano, o pai foi responsabilizado pela proteção de sua prole e proibido de exercer relações extraconjugais. A mãe, por sua vez, ganhou autonomia no ambiente doméstico, pois foi incumbida de assumir os cuidados e a educação dos filhos, responsabilizando-se inclusive pelo aleitamento e não devendo mais entregar os filhos aos cuidados de amas ou de escravas. Os filhos, por fim, saem da condição de servos do pai e passam a ser educados e criados para se tornarem adultos sadios e aptos ao trabalho (Costa, 2004).

Aqui, vale salientar que a entrada do médico no âmbito familiar teve três consequências importantes. A primeira foi o fechamento da família, que se torna responsável pelos filhos e não delega a outros os seus cuidados; a segunda é a mudança significativa no lugar social ocupado pela mulher, que assume um papel fundamental na criação e educação de seus filhos e, com isso, adquire status social;[8] e a terceira consiste na modificação de comportamentos dos indivíduos, que teve como produto a reordenação de todo o corpo social (Donzelot, 1986).

Fundamentado na premissa da necessidade de proteção à infância, o discurso médico estabeleceu critérios para a determinação da normalidade e anormalidade para crianças e adolescentes e incidiu, como vimos, sobre as normas de cuidado e conduta no interior das famílias, escolas e hospitais. Como bem destacam Silva Junior e Garcia (2010, p. 615):

> As famílias deveriam ser núcleos particularizados, lares 'santos' em que a mulher seria a 'rainha do lar' e a criança o 'reizinho da casa', onde qualquer desvio poderia implicar na culpabilização desta família que não foi suficientemente boa (e competente) para educar o seu filho, justificando a intervenção do Estado.

Dessa forma, conforme destaca Cirino (2001, p. 32), o discurso da medicina "se tornou o sacerdote do corpo e da saúde com a tarefa de definir o que era bom ou mau para os indivíduos, suas famílias e a população". Isso posto, podemos observar que as práticas e constructos teóricos elaborados pelos médicos higienistas durante o período republicano foram fundamentais na história da assistência no campo da saúde mental para crianças e adolescentes no Brasil. À vista disso, destacaremos ações de cuidado forjadas pela Liga Brasileira de Higie-

---

8. Cabe destacar, entretanto, que o novo papel incutido às mães não representou propriamente a emancipação e participação social das mulheres. Na realidade, os novos significados e responsabilidades atribuídos aos cuidados maternos, embora garantissem status social, acabaram por cercear a liberdade e o comportamento da mulher. Nas palavras de Gomes (1988, p. 62), a mulher "assim encarada cumpria as funções necessárias ao Estado sem criar contradições com o homem ou com o seu papel na nova família".

ne Mental, que repercutiram sobre o desenvolvimento da psiquiatria e definição de padrões de normalidade na infância.

2.2.2.1. Liga Brasileira de Higiene Mental (LBHM)

A Liga Brasileira de Higiene Mental (LBHM), fundada em 1923 por Gustavo Riedel, resulta da aproximação entre a medicina e o Estado brasileiro. Essa aliança, como vimos, beneficiava as duas esferas, pois "o repertório de sentimentos e condutas antes administrados pela família era encampado pela medicina e, através dela, devolvido ao controle estatal" (Costa, 2004, p. 64).

Prova dessa amistosa relação pode ser observada no fato de que a LBHM, desde o ano de sua fundação, recebeu subvenção federal pelo seu reconhecimento como associação de utilidade pública. Assim, a LBHM representa uma nova forma de organização social, na qual o saber médico exerce o papel de intermediador entre os interesses do Estado e a população.

Reis (2000) aponta que a LBHM era composta principalmente por médicos e destinava-se a regenerar a população por meio de ações e práticas de higiene mental destinadas à prevenção de doenças e determinação de normas de comportamento. Dessa forma, por meio da validação da racionalidade técnica sobre o comportamento, o movimento higienista forneceu objeto e campo de atuação para a psiquiatria. Podemos dizer que a LBHM fomentou o poder da psiquiatria na medida em que ampliou sua superfície e objeto de intervenção. De acordo com Donzelot (1986, p. 121), esse acontecimento permitiu à psiquiatria sair do campo da "gestão de reclusos", passando a "presidir a indução social".

A LBHM assume como uma de suas tarefas prioritárias "garantir a defesa da mentalidade da raça, combater o alcoolismo e os vícios sociais". Para tanto, a organização salienta a necessidade de atenção à infância para um "desenvolvimento mental sadio e eugênico" (Reis, 1994, p. 56). A defesa dos ideais eugenistas como saber técnico e instrumento de intervenção em psiquiatria pode ser evidenciada no discurso proferido por Riedel na inauguração do Ambulatório Rivadávia Correa, em 1919. Destacamos o seguinte trecho: "prever o nascimento de um novo tipo de homem, sadio, vigoroso, acima de qualquer suspeita, digo tara ou degenerescência – Se o 'paraízo [sic] bíblico o homem destruiu', com a eugenia o homem criará o paraízo [sic] terrestre" (Arquivos Brasileiros de Neuriatria e Psiquiatria apud Reis, 1994, p. 192).

Vemos, portanto, que a psiquiatria se constitui como um saber técnico-científico sobre o social, saber esse que se destina, em última análise, ao processo de regeneração nacional e, para isso, debruça-se sobre a infância. Vale salientar que os ideais eugenistas e a perspectiva da prevenção garantem e subsidiam a atuação da psiquiatria sobre a infância. Vemos surgir, por meio da LBHM, práticas específicas para o tratamento e prevenção de doenças mentais para crianças e adolescentes.

Evidência disso é que a LBHM estabeleceu, desde sua fundação, a Seção de Puericultura e Higiene Infantil para coordenar ações e pesquisas exclusivamente voltadas à infância. Dela faziam parte, entre outros, médicos importantes nesse período, como Olinto de Oliveira, Moncorvo Filho, Fernandes Fiqueira e J.P. Fontenelle[9], que defendiam

---

9. Olinto de Oliveira: nomeado diretor da Divisão de Amparo à Maternidade e à Infância em 1937. Moncorvo Filho: fundador do Instituto de Proteção à Infância (1899), criador do Departamento da Criança no Brasil (1919) e organizador do primeiro Congresso Brasileiro de Proteção à Infância (1922). Fernandes Fiqueira: diretor do Serviço de Higiene Infantil do Departamento Nacional de Saúde. J.P. Fontenelle: docente de higiene na Escola Normal do Distrito Federal.

a ideia de que a intervenção sobre a criança deveria ter início logo após o nascimento, como vemos nos escritos de Fontenelle: "felicidade futura dos indivíduos vae [sic] grandemente depender dos primeiros hábitos que lhe vão ser inculcados e esse trabalho não deve ser de forma alguma retardado" (Fontenelle apud Reis, 1994, p. 219).

Além disso, a escola também deveria ser uma instituição de intervenção da LBHM, já que era considerada como espaço de grande influência sobre o desenvolvimento das crianças. À escola caberia garantir boa formação moral, física e intelectual, com o objetivo de gerar comportamentos aceitáveis. Assim, ficava a cargo da escola educar as crianças sob a lógica da moral higienista por meio de condutas norteadas pela disciplina e pela ordem (Rizzini e Rizzini, 2004).

Ademais, a escola é incumbida da função de detectar anormalidades e comportamentos impróprios. Foram criadas as inspeções médicas, com o objetivo de localizar os "anormais" e capacitar os professores, ensinando-lhes os preceitos de higiene mental (Bueno, 1993). Vale lembrar que a criminalidade também era considerada um desvio de comportamento e que, como tal, necessitava de ações preventivas.

Para a assistência das crianças consideradas anormais, observamos a inauguração de clínicas de tratamento específico e o alargamento das práticas de internação e recolhimento, justificadas pela necessidade de segregação em estabelecimento adequado.

Em 1932, a LBHM inaugura a Clínica de Euphrenia, destinada a promover o "reajustamento psíquico" e aperfeiçoamento dos psiquismos por meio de atuação médico-pedagógica. O serviço atendia a crianças desde os primeiros meses até os 12 anos e atuava também sobre as escolas e a família por meio da atuação de visitadores, aplicação de testes psicológicos e exames médicos (Reis, 1994).

A preocupação com a detecção precoce da anormalidade na infância pode ser observada no texto publicado pela LBHM em 1932. Trata-se de um folheto distribuído pela LBHM com a finalidade de divulgar o trabalho realizado pela Clínica de Euphrenia e promover uma ação preventiva. O documento intitula-se *Exortação às mães* e, como bem destaca Reis (1994, p. 243), baseia-se "numa técnica de incitação ao medo, com o objetivo de alertar as mães para o risco de desajustamento mental nas suas crianças mesmo que aparentemente não houvesse nenhum sinal de 'deficit psychico' [sic]". Destacaremos um trecho desse documento:

> O teu filho cresceu, tornou-se homem; a tua filha também se tornou mulher. Era o momento de sentires a felicidade integrada no teu lar, e a alegria de ter cumprido condignamente a tua missão de mãe.
>
> E isso acontece, por felicidade em muitas e muitas vezes. Não é raro, porém, aparecerem [sic] as terríveis decepções: teu filho que desde a infância se mostrara um menino teimoso e pugnaz, tornou-se um criminoso e se encontra agora na desolação do cárcere; tua filha, sempre cheia de esquisitices, já internada num hospital psychiatrico [sic].
>
> Quanta tristeza! Quanta desilusão.
>
> De certo que, em alguns casos, é a fatalidade a grande e a única responsável. Na maioria dos casos, porém, podem ser evitadas essas desgraças. Muitos doentes nervosos e mentaes [sic], muitos criminosos e viciados, que hoje se encontram nos manicômios [sic], nas prisões e até nos salões elegantes da sociedade, seriam pessôas [sic] equilibradas e felizes se a sua infância tivesse sido convenientemente vigiada, si as suas anomalias constitucionaes [sic], os seus vícios e defeitos de comportamento tivessem sido

tratados ou corrigidos desde o início (...) Lembra-se bem d'esse facto [sic] para que não penses nunca que as crianças que, apparentemente [sic], se afiguram normaes [sic], estão absolutamente livres e indemmes [sic] de qualquer elemento psychopatogenico [sic]. (...) Urge, pois, que se estabeleça como norma o exame mental periódico das criancinhas.

Assim, o conteúdo do documento torna evidente que a própria anormalidade era definida de forma vaga, calcada em pressupostos muito mais próximos à moral do que à ciência. Sobre esse aspecto, Lobo (2008) salienta que os médicos higienistas utilizavam a definição de criança anormal para designar as mais diversas classificações das crianças: idiotas, imbecis, surdas, mudas, cegas, epiléticas, histéricas, paralíticas, indisciplinadas, desequilibradas, viciadas e abandonadas. Entretanto, a autora destaca que, embora imprecisos e demasiadamente abrangentes, os novos parâmetros de anormalidade propagados pela LBHM nortearam as práticas institucionais de assistência de caráter asilar e filantrópico.

2.2.3. Filantropia e asilamento

As primeiras décadas do século XX, conforme vimos anteriormente, foram marcadas pela criação e disseminação de discursos e práticas destinadas à restruturação de assistência à infância. A atuação dos médicos higienistas no Brasil resultou na consolidação da filantropia e, também, na ampliação da rede asilar no campo da saúde mental infantojuvenil (Brasil, 2014).

O processo de institucionalização da filantropia teve início no período republicano e marcou a história da assistência social, fazendo com que as ações nessa área fossem, durante décadas, consideradas de âmbito privado e não público. Em realidade, podemos observar que, até o período de redemocratização do país, os governos incentivaram a ampliação e o surgimento constante de novas instituições, estimulando a filantropia a realizar práticas assistenciais e a expandir-se por todo o território nacional (Mestriner, 2013).

Ao conjugar-se aos ideais higienistas, a filantropia assume como principais campos de intervenção o amparo à infância e a assistência médico-hospitalar. Vemos surgir, nesse período, as figuras do especialista e das instituições especializadas, estabelecidas por um modelo de assistência baseado no cientificismo. Segundo Rizzini (2009), em relação ao cuidado para crianças e adolescentes, o modelo preconizava a necessidade de instituições asilares que deveriam atender uma clientela específica de acordo com seus diagnósticos e sua condição social.

Podemos constatar, entretanto, conforme salienta Arantes (2004, p. 163) que, na prática, o discurso cientificista não acarretou "mudança nas condições concretas de vida da criança e sua família, foi muito mais uma estratégia de medicalização e criminalização da pobreza". Dessa forma, apesar de ferrenho opositor ao modelo de assistência caritativa, o modelo higienista e filantrópico manteve inalterada a lógica asilar de assistência à infância; na verdade, ocorreram determinadas modificações apenas nas práticas exercidas no interior do espaço institucional, que deveriam priorizar a formação e a disciplina. Como bem destaca Rizzini (2009, p. 232), "o atendimento institucional deveria favorecer a 'observação continuada e individual' dos menores e o tratamento teria por meta incutir 'sentimento de amor ao trabalho' e uma 'conveniente' educação moral".

Partindo da concepção de que as instituições totais possibilitariam educação, formação e vigilância de sujeitos anormais, testemunhou-se, durante o século XX, a multiplicação dos estabelecimentos especializados de reclusão. Em outras palavras, implementou-se a prática da institucionalização de crianças anormais com o argumento de que a internação possibilitaria a regeneração e a educação, e que a disciplina e o trabalho poderiam prevenir desajustes e delinquências.

Assim, a filantropia se consolidou como segmento da sociedade civil e, por meio do mecanismo de subvenção e benefícios, passou a ser responsável, entre outras áreas, pela gestão das instituições asilares de cuidado a infância. Vemos, portanto, que a assistência à criança com deficiência foi marcada desde sua origem "por uma política assistencialista consolidada pelo poder público, que sempre preferiu repassar recursos financeiros para instituições filantrópicas, a título de doação, mantendo a atenção à deficiência sob a égide do humanitarismo religioso, da caridade" (Nallin e Paula apud Paula, 2013, p. 5).

Vemos assim que a lógica higienista filantrópica, ao propor o retalhamento social e segmentação de necessidades amparada por uma vaga definição de anormalidade, proporcionou uma longa história de institucionalização a crianças e adolescentes, tornando "usual o hábito da internação desnecessária" (Pinheiro apud Mestriner, 2013, p. 100). Durante o século XX, as instituições de internação para crianças e adolescentes, como o Pavilhão-Escola Bourneville,[10] se proliferaram. Além disso, frequentemente enfrentavam situação de superlotação (Lobo, 2008) e promoviam violações de direitos das crianças e adolescentes no ambiente institucional. Exemplos disso podem ser verificados nas reportagens de Firmino (1982) e Prada (1981). Destacamos a descrição de Firmino (1982, p. 66) sobre as condições em que viviam as crianças internadas no Hospital de Bar-

---

10. Ala do Hospital Nacional de Alienados destinada à internação de crianças inaugurada em 1905.

bacena: "Crianças pelo chão, entre moscas. Nenhum brinquedo, um psiquiatra qualquer. Pessoas aleijadas, arrastando-se pelo chão, feito bicho. Agrupadas para não serem pisoteadas, na hora da comida. Esperando a maca, a liberdade somente possível através da morte".

Dito isso, podemos observar que a história da assistência em saúde mental para crianças e adolescentes tem seu início marcado por práticas asilares de cuidado exercidas, em sua maioria, por instituições filantrópicas. O modelo manicomial e asilar foi substituído como prática de atenção pela atual Política Nacional de Saúde Mental (PNSM); entretanto, durante o período em que vigorou, produziu malefícios aos seus usuários e um enorme contingente de indivíduos institucionalizados.

Por fim, vale destacar ainda que, desde sua origem até a atualidade, as relações entre o Estado brasileiro e as organizações da sociedade civil sofreram modificações importantes "com ações de distanciamento e aproximação, conforme os interesses políticos contextuais" (Araújo, 2006, p. 265). A partir da década de 1950, podemos observar a criação de inúmeras leis e normas com a finalidade de definir e estruturar a atuação "não governamental". A criação do conceito de *Terceiro Setor*[11] nos anos de 1990 foi um importante marco que possibilitou a ampliação da atuação das organizações sem fins lucrativos e expandiu as formas de vinculação com o poder público.[12]

No tocante ao campo da saúde mental e deficiência, vemos que a ação das instituições filantrópicas especializadas foi, durante décadas,

---

11. O termo *terceiro setor* refere-se a diferentes tipos de pessoas físicas e jurídicas – fundações, sociedades, associações civis – e formas institucionais e organizacionais.
12. O financiamento de organizações privadas sem fins lucrativos pode realizar-se por meio de diferentes formas de transferências de recursos públicos, tais como: auxílios e contribuições, subvenções, convênios, acordos, contratos de gestão, termos de parceria etc.

incentivada pelo Estado, que "via nisso uma complementaridade de suas responsabilidades nesta área" (Araújo, 2006, p. 16). Segundo o autor, o Estado e essas organizações estabeleceram historicamente uma relação marcada pela ambiguidade. Em decorrência disso, embora tenhamos visto o estabelecimento de novas diretrizes nas políticas públicas de atenção, a atuação de instituições especializadas sem fins lucrativos é abrangente neste campo até a atualidade.

Tudo isso evidencia a importância da realização de estudos que possibilitem o dimensionamento e avaliação da atuação do terceiro setor no campo da saúde mental infantojuvenil, tal como pretende a presente pesquisa. Faz-se necessário avaliar de que forma as diretrizes da PNSM têm sido praticadas e compreendidas pelas instituições sem fins lucrativos. De acordo com Araújo (2006, p. 155), este é um aspecto fundamental para a implantação das políticas públicas de inclusão pois, segundo o autor, no atual contexto brasileiro a palavra *inclusão* assume "diferentes conotações, utilizadas nos discursos governamentais e não governamentais de forma não homogênea, frequentemente confusa e conflituosa".

Considerando-se esses fatos, podemos concluir que uma mudança concreta e efetiva nos parâmetros de atenção e cuidado em saúde mental infantojuvenil depende da desconstrução de práticas de segregação e exclusão social realizadas historicamente pela filantropia e da apropriação do poder público por esse campo, após décadas de descaso e desresponsabilização. Nas palavras de Schmid (2004, p. 155), a superação do modelo manicomial é uma "tarefa em construção, tarefa que traz em seu bojo o desafio de aprender com o passado e atravessar os dilemas deixados por ele".

2.2.4. Política Nacional de Saúde Mental Infantojuvenil

Os primeiros passos para a superação do modelo asilar ocorrem a partir da promulgação da Constituição Federal de 1988, que estabelece novas diretrizes para a sociedade brasileira, pautadas na igualdade de direitos e deveres entre os cidadãos. O Estatuto da Criança e do Adolescente (ECA) e a implantação do Sistema Único de Saúde (SUS), ambos em 1990, são marcos legais fundamentais para o estabelecimento de uma nova concepção sobre infância, direitos sociais e saúde. Além disso, vale ressaltar os avanços no campo da assistência social com a promulgação da Lei Orgânica da Assistência Social em 1993, a consolidação da Política Nacional de Assistência Social em 2004 e a implantação do Sistema Único de Assistência Social (SUAS) em 2005.

Ademais, podemos observar marcos legais no campo da deficiência que têm importância fundamental para a superação do modelo asilar e a reestruturação da assistência. Vale ressaltar: a criação da Coordenadoria Nacional para Integração da Pessoa Portadora de Deficiência (CORDE), em 1986; a regulamentação da Política Nacional para Integração da Pessoa Portadora de Deficiência, em 1989; a consolidação da Política Nacional de Saúde da Pessoa com Deficiência em 2002 e a promulgação da Lei Brasileira de Inclusão da Pessoa com Deficiência no ano de 2015.

Outro fator determinante foi a atuação do Movimento da Reforma Psiquiátrica e a promulgação da Lei n. 10.216, em 2001, que reorienta o tratamento em saúde mental em serviços substitutivos ao hospital psiquiátrico. Desde então a PNSM garante o atendimento em saúde mental integrado ao SUS, com base territorial, comunitária e não asilar.

Os Centro de Atenção Psicossocial Infantojuvenil (CAPSi) desempenham papel estratégico na rede de atenção à saúde mental de crianças e adolescentes. Estes centros têm como objetivo a integração social de seus usuários em seus territórios e, para isso, trabalham sempre em rede articulada com outros equipamentos para desenvolver ações intersetoriais e comunitárias que possam atender às reais necessidades dessa população (Reis et al., 2012). A implantação dos CAPSi representa, portanto, a superação do modelo asilar de cuidado em saúde mental na infância e adolescência e a inclusão de crianças e adolescentes na PNSM, após décadas de esquecimento.

Além disso, podemos observar que a PNSM, com a finalidade de garantir a integralidade dos cuidados, preconiza que o cuidado em saúde mental para crianças e adolescentes deve ocorrer por meio de uma rede ampliada de serviços de base territorial e comunitária[13] (Brasil, 2005; 2011; 2014). A atenção em saúde mental deve estruturar-se na articulação entre serviços de diferentes níveis de complexidades e diferentes campos de atuação. Compreende-se também que os atores que constituem a rede de atenção à infância e adolescência devem atuar de forma horizontal e sistêmica, estabelecendo estratégias de pactuação coletiva e de verificação permanente de sua efetividade, assegurando, assim, o desenvolvimento de alternativas de cuidado de acordo com as necessidades dessa população e a utilização de modo contínuo de cada um dos níveis de atenção (Elia, 2005; Brasil, 2005).

Couto e Delgado (2010) salientam ainda que no campo da saúde mental infantojuvenil, a rede é por natureza ampliada, pois à medida que caminham em seu processo de desenvolvimento, a criança e o adolescente são atravessados por discursos familiares, jurídicos, educacionais, psicológicos, culturais etc. Dessa forma, podemos afir-

---

13. Em 23 de dezembro de 2011 é instituída a Rede de Atenção Psicossocial (RAPS) para pessoas com sofrimento ou transtorno mental e com necessidades decorrentes do uso de crack, álcool e outras drogas.

mar, como também aponta Vicentin (2006), que a política de saúde mental infantojuvenil coloca a intersetorialidade como estratégia para a superação da fragmentação setorial anteriormente vigente. Isto é, torna-se imprescindível que as práticas de cuidado sejam realizadas a partir do entrecruzamento e articulação entre diferentes campos de atuação, superando o modelo anterior de cuidado realizado por meio de práticas de assistências diversas e desenvolvidas por instituições com mandatos específicos que atuavam isoladamente. Assim, de acordo com a publicação do Ministério da Saúde (Couto e Delgado apud Brasil, 2014, p. 25):

> O reconhecimento de uma dívida histórica por parte da saúde mental pública para com esta população [de crianças e adolescentes], aliado à constatação de uma dispersão da assistência por diferentes setores públicos, principalmente os da assistência social, educação, saúde geral, justiça e direitos, fez da intersetorialidade um ponto de partida para implantação e gestão da saúde mental infantil.

Assim, justifica-se a importância da realização de pesquisas que investiguem o processo de consolidação da rede de atenção e cuidado em saúde mental infantojuvenil na perspectiva da intersetorialidade. O presente estudo investiga um "ator" que, ainda na atualidade, mesmo após o reordenamento das diretrizes de atenção em saúde mental, mantém-se ativo e, portanto, compõe a rede de serviços de atenção em saúde mental infantojuvenil: as instituições sem fins lucrativos para acolhimento de pessoas com deficiência que prestam atendimento em regime de acolhimento institucional ou internação de longa permanência para crianças e adolescentes.

A escolha desse perfil institucional como objeto de pesquisa decorre da compreensão de que essas instituições, apesar de não tipificadas como equipamento do sistema público de saúde, também compõem a rede intersetorial de atenção à saúde mental, na medida em que produzem práticas de cuidado em saúde mental no âmbito do SUS para uma parcela de crianças e adolescentes encaminhados às instituições de acolhimento.

Cabe observar que a efetivação de uma política pública não ocorre de forma automática e concomitante à sua regulamentação, mas resulta de um processo contínuo de articulação entre diversos setores e atores. Segundo aponta Feuerwerker (2014, p. 12), a produção de políticas está inserida numa zona onde concorrem diferentes saberes e práticas e "o reconhecimento dessa arena de intensas disputas – por diferentes atores, em diferentes momentos e em todos os cenários, inclusive no momento do encontro entre trabalhadores e usuários – é central para se repensar a própria produção das políticas e da gestão em saúde". Assim, a implantação da PNSM para crianças e adolescentes deve também ser compreendida como um percurso em constante transformação, nas palavras de Couto (2012, p. 87): "a execução de uma inovação no sistema público de saúde mental é processual". Sobre esse aspecto, Amstalden et al. (2010, p. 37) destacam que o campo da saúde mental congrega novos desafios que emergem diariamente a partir de diferentes contextos econômicos e sociais e antigos desafios, que representam "situações já estabelecidas para as quais ainda não há respostas suficientes".

À vista disso, a pesquisa acadêmica assume um papel importante pois, ao produzir conhecimento sobre o processo de consolidação do modelo psicossocial de atenção, oferece informações e dados capazes de dar subsídios para o desenvolvimento de novas práticas e ações. De acordo com Delgado (2015, p. 312), a produção de pesquisas neste campo é necessária e urgente para "assegurar a qualificação e sustentabilidade da rede pública de saúde mental. (...) A produção e a difusão de conhecimento (...), devem tornar-se componente estratégico essencial da reforma psiquiátrica".

Consideramos, portanto, ser de fundamental importância a realização de pesquisas que possam revelar quais as práticas e ações que operam no campo da saúde mental infantojuvenil atualmente. Os estudos sobre as instituições e formas de cuidado são instrumentos imprescindíveis para avaliarmos o processo de implantação da RAPS e a implementação da PNSM para crianças e adolescentes. Couto (2012) corrobora essa afirmação ao pontuar a necessidade, para avaliação e qualificação da atenção, de pesquisas sobre a construção e articulação de redes ampliadas de atenção em saúde mental para crianças e adolescentes. Delfini (2015, p. 46) destaca ainda que o "desenvolvimento de pesquisas desta natureza pode contribuir para a potencialização das políticas públicas voltadas à saúde mental de crianças e adolescentes e efetivação das ações de cuidado de modo a responder às necessidades das crianças".

Esperamos contribuir para a consolidação da Política Nacional de Saúde Mental por meio da produção de dados de mapeamento e caracterização das instituições de acolhimento para pessoas com deficiência que atendem crianças e adolescentes no Estado de São Paulo. A análise sobre o alcance e importância da atuação dessas instituições possibilitará compreendermos fatores que corroboram para a manutenção da internação e, a partir disso, será possível desenvolver políticas e ações intersetoriais de cuidado que promovam respostas condizentes e efetivas às necessidades desta população.

CAPÍTULO 3
OBJETIVO E PERCURSO METODOLÓGICO

Descreveremos neste capítulo os objetivos do estudo e as estratégias metodológicas desenvolvidas para apreender informações consistentes e inéditas sobre a internação de longa permanência de crianças e adolescentes em instituições de acolhimento para pessoas com deficiência.

Objetivos:
- Mapear as instituições de acolhimento para pessoas com deficiência.
- Caracterizar as instituições, a população atendida e as práticas de cuidado desenvolvidas.
- Analisar o papel e a importância das atividades dessas entidades e seu alinhamento com a política nacional de saúde mental e deficiência destinadas à população infantojuvenil.

3.1. REFERENCIAL TEÓRICO-METODOLÓGICO

Como vimos nos capítulos iniciais desta obra, a construção de ações e discursos destinados a crianças e adolescentes e à infância anormal reconfiguram-se continuamente em decorrência de seu contexto e historicidade. Desse modo, o presente estudo fundamenta-se no pressuposto de que as práticas de cuidado em saúde mental/deficiência para crianças e adolescentes não se estabelecem a partir de uma relação causal e linear, mas sim, pelo contrário, forjam-se por meio do engendramento de práticas discursivas de condutas e relações de poder.

Dito isso, justifica-se a relevância da escolha em realizar pesquisas acadêmicas sobre quais as práticas que operam atualmente no campo da saúde mental infantojuvenil. A presente pesquisa abordará, especificamente, a prática da internação de crianças e adolescentes em instituições de acolhimento para pessoas com deficiência.

O estudo adota como referencial metodológico a perspectiva da genealogia desenvolvida por Foucault (2010) que, como bem salienta Lobo (2012, p. 12), se constitui de pistas metodológicas em relação a conceitos universalizantes e estratégias de "busca dos indícios históricos de desmontagem de objetos prévios tão indispensáveis à construção teórica".

De acordo com Zambenedetti e Silva (2011), a genealogia proporciona a desnaturalização do objeto, uma vez que evidencia a historicidade e as linhas de força inerentes à sua constituição. Assim, "para Foucault, não haveria um objeto completamente original, mas somente práticas de objetivação e, de modo imanente, de subjetivação" (Lemos et al., 2009, p. 355).

A presente pesquisa pretende estudar a atuação das instituições de acolhimento em saúde mental para crianças e adolescentes, compreendendo-as como resultantes de um operar das relações de saber e poder que as prescrevem como forma de cuidado. Dito isso, temos a intenção de evidenciar, por meio do levantamento de dados de mapeamento e análise de perfil de clientela, informações sobre práticas e discursos que circundam a infância anormal na atualidade.

A genealogia não apenas empenha-se em compreender as transformações dos saberes e práticas, mas também lança luz sobre as relações de poder inerentes à produção do saber que as engendra (Machado et al., 1978). Para Veyne (2014, p. 280), a genealogia narra "a história das práticas em que os homens enxergam verdades e das suas lutas em torno dessas verdades".

A priori, os objetos não têm essência, mas são forjados por "múltiplas objetivações de práticas heterogêneas" (Lemos e Cardoso Junior, 2009, p. 355). Assim, o pesquisador, ancorado pela perspectiva genealógica, deve desconsiderar a finalidade na história e a existência de verdades absolutas baseadas na primazia da origem e do desenvolvimento. Nas palavras de Veyne (2014, p. 280), "explicar e explicitar a história consiste, primeiramente, em vê-la em conjunto, em correlacionar os pretensos objetos naturais às práticas (...) e explicar essas práticas não a partir de uma causa única, mas a partir de todas as práticas vizinhas nas quais se ancoram".

Dito de outra maneira, para a genealogia "é preciso sempre recorrer às práticas, uma imensa variedade de práticas, mais ou menos metódicas, mais ou menos intencionais, modos simultâneos de agir e de pensar" (Lobo, 2008, p. 22) que constituem o sujeito e o objeto. Vale ressaltar que, de acordo com Foucault (apud Lobo, 2008, p. 23), as práticas devem ser entendidas como:

Processos e técnicas, que são usados em diferentes contextos institucionais, para operar sobre o comportamento dos indivíduos, tomados individualmente ou em grupo. (...) Caracterizam a maneira pela qual os homens são 'governados' uns pelos outros e sua análise ilustra como o insano, o doente ou o sujeito delinquente é objetivado através de certas formas de 'governar' lunáticos, doentes, criminosos etc.

Esta pesquisa, portanto, propõe-se a investigar sobre as práticas de cuidado dentro do campo da saúde mental infantojuvenil com a finalidade de evidenciar atores e formas de relação e funcionamento inerentes a esse campo. O estudo sobre as instituições de acolhimento para pessoas com deficiência tem como objetivo, justamente, compreender como atuam essas instituições e qual sua inserção dentro da rede de proteção e atenção psicossocial para crianças e adolescentes. O dimensionamento dessas entidades e da demanda por elas atendida intenta, portanto, servir como base de informações para subsidiar o desenvolvimento de ações e políticas públicas de desinstitucionalização.

Campos (2006, p. 5) ressalta que estudos e pesquisas sobre ações e práticas em saúde contribuem para a efetivação de novas políticas públicas e formas de assistência, pois "avaliar a potência e pontos cegos de arranjos e condutas é um elemento estratégico para a consolidação de políticas e de modelos reformistas".[14]

Este estudo ancora-se, portanto, na compreensão destacada por Prado et al. (2014) de que o uso da genealogia permite o "combate às

---

14. CAMPOS, Gastão Wagner de Sousa. *Produção de conhecimento, avaliação de Políticas Públicas em Saúde Mental*: notas reflexivas, 2006. Comunicação oral disponível em: https://gastaowagner.com.br/2016-05-08-23-30-43/conferencias--e-entrevistas.

repetições do presente" por meio do ato da investigação. Assim, com o intuito de fomentar práticas e políticas de desinstitucionalização de crianças e adolescentes, a estratégia metodológica da pesquisa foi desenvolvida com a finalidade de revelar informações sobre as razões da institucionalização, buscando delinear diferentes forças, vontades e jogos de poder que sustentam sua perpetuação. Desse modo, a pesquisa propõe-se a levantar informações em documentos públicos e privados (prontuários), a fim de aquilatar o papel e a importância das instituições de acolhimento para pessoas com deficiência no campo da saúde mental infantojuvenil.

3.2. PROCEDIMENTOS METODOLÓGICOS

Os procedimentos metodológicos foram desenvolvidos com a finalidade de levantar dados consistentes que permitam responder às seguintes indagações:

1. **Quais são as instituições de acolhimento para pessoas com deficiência que atendem crianças e adolescentes no Estado de São Paulo? Como operam estas instituições e quais as práticas de cuidado por elas desenvolvidas?**

    Para responder a essas questões, realizamos um mapeamento das instituições que atendem exclusivamente pessoas com deficiência em regime de acolhimento ou internação de longa permanência no Estado de São Paulo. Nesse levantamento, registramos dados sobre as práticas de cuidado e as características de funcionamento das instituições.

2. **Quais as características da população atendida?**

Coletamos informações sobre as características epidemiológicas, sociais e demográficas dos indivíduos submetidos ao acolhimento institucional em uma entidade específica.

3. **Qual a dimensão, o papel e a importância das atividades dessas instituições, tendo por contraponto a rede pública, e qual seu alinhamento com a política nacional de saúde mental?**

Analisamos qual o papel das instituições de acolhimento dentro da Rede de Atenção Psicossocial e da Rede de cuidado e proteção à criança e ao adolescente. Esse estudo, feito a partir do levantamento do perfil institucional, nos permitiu compreender não apenas as práticas que levaram ao acolhimento, mas também quais são as ações e desafios necessários para possibilitar os processos de desinstitucionalização.

3.2.1. Campo de pesquisa

O universo das entidades sociais é complexo e heterogêneo, uma vez que essas instituições apresentam características de funcionamento e financiamento muito distintas entre si. Observamos que as entidades sociais sem fins lucrativos estão conveniadas com diferentes secretarias e programas dos municípios e do governo do Estado de São Paulo e diferem em relação a público-alvo, objetivos, formas de financiamento e convênios com órgão públicos e privados. Uma entidade pode, por exemplo, receber financiamento de diferentes secretarias ou até mesmo de diferentes níveis de gestão, municipal, estadual ou federal. Assim, os dados sobre essas entidades estão fragmentados, o que dificulta a realização de mapeamento e tipificação. Dessa forma, não há um cadastro único que abarque a totalidade das entidades sociais sobre o qual poderíamos pesquisar.

O Instituto Brasileiro de Geografia e Estatística (IBGE) expõe informações importantes sobre as Fundações privadas e Associações sem Fins Lucrativos no Brasil (Fasfil) atuantes no país. A pesquisa de mapeamento dessas instituições, publicada em 2019, congrega dados sobre "o perfil dessas entidades em relação à finalidade, idade, localização, emprego e remuneração em 2016 e, ainda, as mudanças ocorridas neste segmento entre 2010 e 2016" (IBGE, 2019b, p. 6).

O referido estudo considerou como Fasfil as organizações registradas no Cadastro Central de Empresas (Cempre) como entidades sem fins lucrativos que atendessem aos cinco seguintes critérios:

(a) privadas, não integrantes, portanto, do aparelho de Estado;
(b) sem fins lucrativos, isto é, organizações que não distribuem eventuais excedentes entre os proprietários ou diretores e que não possuem como razão primeira de existência a geração de lucros – podendo até gerá-los, desde que aplicados nas atividades fins;
(c) institucionalizadas, isto é, legalmente constituídas;
(d) autoadministradas ou capazes de gerenciar suas próprias atividades; e
(e) voluntárias, na medida em que podem ser constituídas livremente por qualquer grupo de pessoas, isto é, a atividade de associação ou de fundação da entidade é livremente decidida pelos sócios ou fundadores. (IBGE, 2019b, p. 10)

De acordo com os resultados apontados, as entidades que correspondem a esses critérios no Brasil podem ser classificadas por três figuras jurídicas distintas: as associações caracterizadas como "união de pessoas que se organizam para fins não econômicos" (IBGE, 2019b, p. 10); as fundações criadas "mediante escritura pública ou testamento, a partir de uma dotação especial de bens livres, especificando o fim a que se destina" (IBGE, 2019b, p. 10); as organizações religiosas, que, a partir da determinação da Lei n. 10.825 de 22 de dezembro de 2003, passaram a ser consideradas como pessoa jurídica de direito privado.[15]

A Tabela 1 expõe os dados encontrados nesse levantamento sobre o número de fundações privadas e associações sem fins lucrativos em 2016 divididas por áreas de atuação.

A pesquisa revelou, no contexto nacional, a existência de 236.950 Fundações Privadas e Associações sem Fins Lucrativos em 2016. Conforme destaca o relatório desse levantamento, a relevância dessas instituições pode ser percebida pelo fato de que "representaram 4,3% do total de organizações públicas e privadas, lucrativas e não lucrativas, ativas no país." (IBGE, 2019b, p. 77). De acordo com o estudo, esse montante representaria 4,3% do total de organizações públicas e privadas, lucrativas e não lucrativas, ativas no País. Além disso, vale destacar que, neste período, essas entidades foram "responsáveis por 2,3 milhões de pessoas ocupadas assalariadas (5,1% do total), que ganharam, em média, R$ 2.653,33 mensais" (IBGE, 2019b, p. 77).

Esse dado, entretanto, não representa ainda o total de pessoas envolvidas em atividades laborais nessas instituições, pois 64,5% das entidades declararam não possuir nenhum empregado formal, o que aponta, possivelmente, para a utilização de prestação de serviços autônomos e atuação de práticas de trabalho voluntário.

---

15. Vale destacar que as organizações sociais (OS) também compõem o universo das Fasfil por desempenharem atividades de interesse público.

Tabela 1 – Número de unidades Fasfil no Brasil em 2016

Classificação das entidades sem fins lucrativos	Unidades de fundações privadas e associações sem fins lucrativos	
	Total	%
Habitação	163	0,1
Hospitais	2.464	1,0
Outros serviços de saúde	2.257	1,0
Cultura e arte	12.552	5,3
Esporte e recreação	19.716	8,3
Educação infantil	4.872	2,1
Ensino fundamental	3.349	1,4
Ensino médio	1.627	0,7
Educação superior	1.999	0,8
Estudos e pesquisas	1.315	0,6
Educação profissional	464	0,2
Outras formas de educação/ensino	2.202	0,9
Assistência social	24.067	10,2
Religião	83.053	35,1
Associações empresariais e patronais	7.457	3,1
Associações profissionais	11.132	4,7
Associações de produtores rurais	10.373	4,4
Meio ambiente e proteção animal	1.689	0,7
Associação de moradores	9.162	3,9
Centros e associações comunitárias	10.918	4,6
Desenvolvimento rural	4.291	1,8
Emprego e treinamento	871	0,4
Defesa de direitos de grupos e minorias	3.430	1,4
Outras formas de desenvolvimento e defesa de direitos	1.594	0,7
Outras instituições privadas sem fins lucrativos	15.933	6,7
Total	236.950	100

Fonte: IBGE, 2019b, p. 17.

Os dados apontam ainda para a ocorrência de enorme diversidade em relação às atividades desenvolvidas por essas instituições. Destacam-se como preponderantes as entidades religiosas (35,1%)[16] e as entidades destinadas à defesa de direitos e interesses dos cidadãos (25%). Além disso, podemos observar que 10,2% das entidades – aproximadamente 24.100 – atendem a grupos em situação de vulnerabilidade social, como crianças, idosos, adolescentes em conflito com a Lei e pessoas com deficiência (IBGE, 2019b).

Outra pesquisa relevante sobre a atuação das organizações sem fins lucrativos no Brasil, o Censo GIFE de 2016, tem informações consolidadas sobre 116 organizações participantes da pesquisa. Entre essas, 53% caracterizavam-se como institutos e fundações empresariais, 19% eram institutos e fundações familiares, 15% correspondiam à área de investimento social em empresas e 14% referiam-se a institutos e fundações independentes ou comunitários.[17]

Importante salientar que, em relação à natureza jurídica, os institutos e fundações podem ser classificados não apenas como associa-

---

16. Vale destacar que o documento salienta a dificuldade em dimensionar a abrangência das ações de influência religiosa, pois a atuação das entidades religiosas não se restringe àquelas assim classificadas, mas também estão presentes em entidades assistenciais, educacionais e de saúde.

17. Institutos e fundações empresariais: organizações sem fins lucrativos, criadas e mantidas por uma empresa ou seus acionistas. São geridas por pessoas ligadas à empresa que as mantém; institutos e fundações familiares: organizações sem fins lucrativos, criadas e mantidas por uma família e geridas, direta ou indiretamente, por seus membros. Ainda que possam manter relações com empresas da família mantenedora, são administradas de forma independente; institutos e fundações independentes: organizações sem fins lucrativos mantidas geralmente por mais de uma organização ou indivíduo de origens variadas. Sua gestão é independente de seus mantenedores; institutos e fundações comunitários: organizações sem fins lucrativos que reúnem recursos de uma ou mais organizações ou indivíduos, estabelecendo um fundo que será usado para investimentos em uma determinada comunidade. São geridas por pessoas que se identificam como pertencentes à comunidade (GIFE, 2017, p.86).

ções, mas também como oriundos da iniciativa privada. Esses dados evidenciam que o universo das entidades sociais se compõe de forma heterogênea, na medida em que abrange instituições de natureza diversa, com distintas características de atuação e financiamento.

Assim, o universo de entidades sociais sem fins lucrativos abarca instituições inscritas em diferentes regimes jurídicos e de funcionamento, que operam sob normas distintas. Para além desses aspectos, vale determo-nos em outro fator que contribui para a disparidade entre as entidades sociais. O sistema de concessão de títulos, registros e certificados pelo poder público tem como função regular, qualificar e padronizar as práticas desenvolvidas por estas instituições; trata-se de um mecanismo fundamental para a integração entre a esfera pública e a privada. A conquista de registros específicos ou certificação pode incidir diretamente no funcionamento das entidades, pois possibilita o estabelecimento de novos convênios de financiamento.

A primeira etapa desta pesquisa, que mapeou as instituições, revelou semelhança entre características do universo das entidades sociais sem fins lucrativos e o grupo de entidades estudadas — as instituições de acolhimento para pessoas com deficiência que atendem a população de crianças e adolescentes no Estado de São Paulo.

Pudemos constatar que as informações sobre as instituições que o estudo pretende investigar estão registradas de forma muito fragmentada em diferentes áreas de atuação e variedades de vinculação ao Estado e financiamento. A diversidade de contratos, certificações e concessões, somada à ausência de tipificação e regulamentação específica para esse tipo de instituição e à falta de integração de informações entre os diferentes órgãos públicos, resulta na inexistência de um cadastro único capaz de congregar informações sobre o número total e características da população atendida nessas instituições.

Essa constatação foi corroborada pelo Inquérito Civil 033/2017, executado pelo Ministério Público do Estado de São Paulo, que também aponta para a dificuldade de encontrar dados que evidenciem a amplitude das referidas entidades sociais que atendem pessoas com deficiência em regime de acolhimento no município de São Paulo. Destacamos um trecho do relatório que expõe as dificuldades encontradas na realização do mapeamento dessas instituições:

> Após realização de uma análise inicial, evidenciou-se a impossibilidade em precisar onde tais serviços estão situados nas políticas públicas de atendimento vigentes, em decorrência deles não se enquadrarem efetivamente conforme a tipificação dos equipamentos da rede socioassistencial ou da Saúde. (São Paulo, 2017, p. 5)

Isso posto, observamos a impossibilidade de capturar informações sobre o número total de instituições de acolhimento para pessoas com deficiência que atendem crianças e adolescentes no Estado de São Paulo. Dessa forma, os procedimentos metodológicos foram delineados com a finalidade de apreender informações sobre o maior número possível de instituições com o perfil estudado por meio do acesso a distintos cadastros e fontes de informação.

3.2.2. Etapas da pesquisa

Para a realização da pesquisa, os procedimentos metodológicos para coleta de informação foram estruturados em três etapas distintas, a saber:

3.2.2.1. Primeira etapa

A primeira etapa da coleta de dados corresponde ao mapeamento das instituições de acolhimento para pessoas com deficiência no Estado de São Paulo. Importante ressaltar que tratamos das entidades localizadas no Estado, mas não necessariamente sob gestão dele.

A partir de uma primeira análise sobre o universo das entidades pudemos perceber que, devido à falta de tipificação das entidades e à fragmentação das informações sobre elas, seria imprescindível ao mapeamento consultar cadastros pertencentes a diferentes áreas, níveis de gestão, órgãos e entidades. Assim, para a execução do levantamento dessas informações, utilizamos bases distintas de coleta de dados, vinculadas aos três níveis de gestão: federal, estadual e municipal. Definimos como base de dados de mapeamento os seguintes bancos de dados:

- Cadastro Nacional de Estabelecimentos de Saúde (CNES);
- Cadastro Nacional de Entidades de Assistência Social (CNEAS);
- Censo SUAS;
- Cadastro de entidades portadoras do Certificado de Entidade Beneficente de Assistência Social na Área de Saúde (CEBAS);
- Cadastro de entidades portadoras do Certificado de Entidades Beneficentes de Assistência Social (CEBAS).

Além disso, na etapa de mapeamento, a pesquisa contatou e solicitou informações em órgãos públicos da esfera estatal, tais como:

- Secretaria de Desenvolvimento Social;
- Secretaria de Estado da Saúde;
- Secretaria de Estado dos Direitos da Pessoa com Deficiência;
- Conselho Estadual de Assistência Social;
- Conselho Estadual de Saúde;

- O Conselho Estadual para Assuntos da Pessoa com Deficiência de São Paulo.

Ademais, o estudo requereu informações nos seguintes órgãos públicos sob gestão do município:
- Secretaria Municipal de Assistência e Desenvolvimento Social;
- Secretaria Municipal da Saúde;
- Secretaria Municipal da Pessoa com Deficiência;
- Secretaria Municipal de Direitos Humanos e Cidadania;
- Conselho Municipal de Assistência Social de São Paulo;
- Conselho Municipal de Saúde de São Paulo.

Tendo em vista o objetivo do presente estudo, que se propõe a analisar o público infantojuvenil, incluímos também como fonte de dados de mapeamento órgãos que se destinam à assistência desse grupo populacional. São eles:
- Conselho Municipal dos Direitos da Criança e do Adolescente;
- Conselho Estadual dos Direitos da Criança e do Adolescente;
- Promotoria de Justiça da Infância e Juventude da Capital.[18]

Por fim, a pesquisa utilizou-se de informações coletadas nos sites oficiais das instituições pesquisadas. Para o desenvolvimento do formulário de coleta de dados acerca do perfil institucional das entidades sociais de acolhimento (Anexo I), utilizamos as seguintes categorias de dados: município; público-alvo e finalidade; financiamento e convênio com o setor público; número de acolhidos; número de acolhidos com idade menor de 18 anos e número de acolhidos que, no momento da internação, tinham idade menor de 18 anos.

---

18. Ao contatarmos o Ministério Público do Estado de São Paulo, tivemos acesso ao Inquérito Civil 033/17. O material produzido nesse levantamento foi uma importante fonte de informações para o estudo. Parte desse documento está disponível em: https://www.hrw.org/sites/default/files/report_pdf/brazil0518port_annexo.pdf.

3.2.2.2. Segunda etapa

Com a finalidade de ampliar nossa investigação, realizamos, na segunda etapa da pesquisa, um levantamento de dados sobre o perfil psicossocial de atendidos em uma instituição específica.[19] Importante ressaltar que a pesquisa não tem a instituição como objeto de estudo e tampouco assume como objeto a análise de um caso específico. Estamos interessados, portanto, no levantamento de dados que nos possibilitem compreender o perfil psicossocial das crianças e adolescentes atendidos e seus percursos junto à rede intersetorial de atenção à infância e adolescência. Para tanto, coletamos dados sobre o total de sujeitos acolhidos na instituição sem qualquer critério de exclusão, incluindo adultos e crianças.

O formulário de coleta de dados acerca do perfil dos sujeitos acolhidos na instituição (Anexo II) abarcou as seguintes categorias de dados: município de nascimento; data de nascimento; data de internação na instituição; informações sobre documentação; processo judicial; informações sobre a família; município de moradia da família; motivo da internação/queixa; encaminhamento; histórico institucional; escolaridade; diagnóstico; síndromes e doenças associadas; atendimentos na rede pública realizados em 2018; necessidades específicas em saúde e medicações em uso.

Relevante destacarmos que o levantamento de perfil de clientela como metodologia de pesquisa tem sido aplicado em diversos estudos na área da saúde mental. Couto (2012) evidencia a produção de estu-

---

19. A instituição foi selecionada como campo de pesquisa por atender aos seguintes critérios: 1) ter acolhidos com idade menor de 18 anos no momento da realização do estudo; 2) consentir com a elaboração do estudo; 3) permitir aos pesquisadores acesso aos prontuários.

dos com levantamento de dados sociodemográficos, epidemiológicos e clínicos da população atendida nos CAPSi. Outras pesquisas na área da saúde mental infantojuvenil também utilizaram a coleta de dados sobre o perfil de atendidos em instituições de internação (Bentes, 1999; Scileski, 2006; Cunda 2011; Blikstein, 2012; Joia, 2014; Braga e D'Oliveira, 2015) como estratégia de produção de conhecimento sobre a demanda e articulação entre serviços. Vale destacar ainda o levantamento de perfil dos moradores de hospitais psiquiátricos realizado pela Secretaria de Saúde do Estado de São Paulo (SES, 2015).

Dessa forma, pesquisas sobre o perfil de atendidos em serviços ou instituições são estratégias importantes no processo de avaliação e efetivação da Política Nacional de Saúde Mental. Couto (2012, p. 87) destaca que:

> A construção de informações qualificadas é parte essencial da tarefa pública de cuidado porque, além de subsidiar a avaliação e o acompanhamento do que é feito, auxilia a esclarecer a adequação ou não de um projeto às reais necessidades daqueles aos quais visa assistir. Na Saúde Mental de Crianças e Adolescentes (SMCA) esse ponto é capital, uma vez que, como já registrado em diferentes momentos desta tese, são exíguas as informações produzidas sobre problemas mentais em crianças e adolescentes, carga do adoecimento, uso de serviços e características gerais de clientela com necessidades em saúde mental.

Podemos, portanto, considerar o levantamento de perfil de clientela institucional como estratégia fundamental para compreender o funcionamento da rede intersetorial, dos fluxos de encaminhamentos e compartilhamentos de ações entre os serviços. Scileski (2006) corrobora nossa escolha metodológica ao afirmar que estudos sobre a clientela atendida são instrumentos importantes para a avaliação de práticas e discursos presentes no campo da saúde mental infantojuvenil. Dell'Acqua e Mezzina (1991, p. 57) destacam ainda que para compreender a demanda em saúde mental é necessário investigar também sobre "os agentes do encaminhamento, o percurso de chegada ao serviço, as passagens institucionais precedentes etc.".

Assim, a presente pesquisa sobre o perfil da população de acolhidos registrou as informações nos prontuários, tanto em relação às características psicossociais das crianças e adolescentes, quanto em relação aos percursos institucionais que as encaminharam para a internação. O formulário de coleta de dados não inclui questões de identificação dos sujeitos e os pesquisadores se responsabilizam pelo sigilo no manuseio ético de documentos (Anexo III).

O sigilo, a privacidade e a confidencialidade das informações estão garantidos em nosso estudo. A pesquisa não divulgará dados que possam identificar a instituição estudada e tampouco os sujeitos nela acolhidos. Dessa forma, não há qualquer risco de exposição dos participantes. Vale destacar ainda que o projeto de pesquisa foi devidamente avaliado e aprovado pelo Comitê de Ética e o estudo cumpre os critérios da ética em pesquisa com seres humanos, conforme a Resolução n. 466/2012 do Conselho Nacional de Saúde.

3.2.2.3. Prontuários

Tendo em vista que o estudo se centra em investigar o perfil da clientela atendida e as práticas institucionais de cuidado, elegemos os prontuários como fonte de coleta de dados. Esta escolha se justifica visto que esses documentos reúnem informações sobre o contexto socioeconômico de cada acolhido, informações clínicas pregressas e atuais e informações sobre condutas e práticas institucionais. Como bem aponta Diniz (2013, p. 23), "a escolha dos dossiês como fonte de pesquisa se justifica pelo fato de eles congregarem as informações da situação de internação da população".

Sob essa perspectiva, os prontuários podem ser lidos e interpretados como narrativas individuais e institucionais que nos contam a história de uma determinada prática de cuidado forjada em cada tempo histórico e social. Assim, deve-se considerar os prontuários como documentos "capazes de recontar e reconstruir fatos" (Blikstein, 2012, p. 46). Nas palavras de Almeida (2012, p. 66), "muitas vezes passamos por essa sensação ao manusear um prontuário: resgatar uma história de vida é também entrar em um labirinto e nos deparar com muitos caminhos".

De acordo com Foucault (2003), a pesquisa em arquivos pode tornar pública a história das pessoas submetidas a uma determinada prática institucional e evidenciar o contexto social e político no qual estão inseridas. Lobo (2008, p. 18) corrobora a importância da leitura dos textos contidos nos prontuários e destaca que esses registros "guardam certa grandeza no sofrimento, revelam muito de seu tempo em seu fugidio clarão".

O norte ético em que se sustenta a pesquisa é a constatação de que a internação de crianças e adolescentes em instituições de acolhimento para pessoas com deficiência é uma realidade desconhecida e, portanto, o levantamento de informações sobre essa prática é fundamental para o desenvolvimento de estratégias de cuidado que visem à desinstitucionalização e à inclusão social. Sobre esse aspecto, Couto (2008, p. 10) salienta que:

Superar o caráter perene do abrigamento não é tarefa exclusiva da saúde mental, mas não prescinde de sua implicação no problema. Todos os operadores dos diferentes setores públicos envolvidos na construção do sistema de abrigamento das pessoas com deficiência estão chamados a um reposicionamento geral. A justiça, os conselhos tutelares, promotorias, a assistência social, educação, saúde mental, saúde geral e demais deverão retirar a venda que os impedia de ver os descaminhos traçados em nome da proteção e do cuidado de crianças e adolescentes. Enfrentar este desafio é um imperativo ético e civilizatório, que não comporta adiamento ou simplificação.

O relatório publicado pela Human Rights Watch corrobora a necessidade da realização de pesquisas e observa que os dados sobre as instituições de acolhimento para pessoas com deficiência "são importantes para o desenvolvimento de políticas, planos e programas eficientes e eficazes" (HRW, 2018, p. 85).

Isso posto, o presente estudo compreende que a pesquisa acadêmica pode subsidiar e contribuir para a promoção de direitos e efetivação da PNSM. Trata-se, portanto, de um estudo que se propõe a dar visibilidade a crianças e adolescentes internados em instituições asilares, tendo em vista que essa prática representa uma violação aos direitos fundamentais dessa população.

Segundo Couto e Delgado (2015, p. 19), a realização de estudos sobre as práticas que operam na atualidade é fundamental para a construção do campo da saúde mental infantojuvenil. Nas palavras dos autores:

> A análise do enfrentamento tardio pela saúde mental das questões relacionadas às crianças e adolescentes com problemas mentais

poderá auxiliar no entendimento de quais os reais pontos de superação e os principais desafios que a rede atual de atenção psicossocial tem a desenvolver e realizar nos territórios para que sejam escritas novas linhas na história brasileira de cuidado à infância e adolescência.

Com efeito, vale sublinhar que a finalidade da pesquisa é justamente levantar dados que possam subsidiar ações e políticas de inclusão social e cuidado em liberdade para crianças e adolescentes.

CAPÍTULO 4
APRESENTAÇÃO DOS RESULTADOS

Em primeiro lugar, as informações recolhidas nos formulários de coleta de dados foram sistematizadas e codificadas, formando a base de dados da pesquisa. O material foi analisado por meio de estudos estatísticos, desde a geração de estatísticas descritivas das diferentes variáveis, como o uso da técnica de regressão linear, correlação e análise de fatores, para identificar padrões e relações entre as diversas variáveis e categorias.

4.1. MAPEAMENTO DAS INSTITUIÇÕES

O mapeamento das instituições de acolhimento para pessoas com deficiência no Estado de São Paulo foi realizado por meio de coleta de informações em cadastros federais e em órgãos públicos municipais e estaduais.[20] Além disso, utilizamos como fonte de dados o Inquérito

---

20. Município de São Paulo e Estado de São Paulo, respectivamente.

Civil 033/2017 executado pelo Ministério Público de São Paulo e sites institucionais.

Após extensa consulta nos cadastros e documentos, realizamos contato telefônico com instituições, conselhos e secretarias. Ao solicitarmos acesso às informações, alguns desses órgãos nos responderam por via eletrônica, enquanto outros solicitaram encontro presencial. Houve ainda aqueles que afirmaram não possuir informações dessa natureza e, por fim, alguns que não concordaram em participar do estudo.

Esta etapa do trabalho evidenciou características intrínsecas a esse campo que não permitem a apreensão do número total dessas entidades. O universo das instituições de acolhimento para pessoas com deficiência é complexo e heterogêneo. As instituições com esse perfil, apesar de exercerem práticas semelhantes de cuidado, diferem entre si em relação aos seus objetivos, previsões legais, formas de financiamento e convênio público. Em decorrência disso, as entidades funcionam sob diferentes ordenamentos jurídicos e assumem, muitas vezes, características híbridas de funcionamento entre as áreas da saúde, educação e assistência social. Exemplo disso pôde ser observado ao apurarmos que essas entidades, embora atuem de maneira semelhante, são tipificadas de maneiras distintas. Encontramos, a partir da coleta de informações de mapeamento, instituições congêneres em relação à demanda atendida e forma de funcionamento classificadas como: Hospital Especializado, Hospital Geral, Residência Inclusiva, Serviço de Acolhimento Institucional, Serviço de Acolhimento Institucional para Crianças e Adolescentes (SAICA) e Unidade de Apoio à Diagnose e Terapia.

Além disso, foi possível verificar que essas entidades se vinculam ao Estado nos três níveis de governo (federal, estadual e municipal) por meio de certificações, programas e políticas públicas. Ademais, vale destacar o papel importante do aparelho judiciário que, por meio da determinação de acolhimento em instituições dessa natureza, corrobora com a pluralidade nas formas de convênio com o Estado. Por último, ainda devemos considerar que também compõem esse universo entidades sociais vinculadas estritamente ao setor privado. Assim, o presente estudo apresentará informações acerca de uma amostra dessas instituições, definida pelos critérios e estratégias metodológicas da pesquisa.

4.1.1. Apresentação dos dados

A pesquisa identificou 42 entidades sociais que atendem exclusivamente pessoas com deficiência em regime de acolhimento ou internação de longa permanência no Estado de São Paulo. Algumas delas, entretanto, não nos permitiram acesso às informações e outras estavam com telefones e sites inativos. Sendo assim, a pesquisa reuniu informações sobre 37 entidades sociais de longa permanência que atendem exclusivamente pessoas com deficiência, sendo este também o critério para o acolhimento institucional.

Entre o número total de instituições, catorze estavam tipificadas como Residências Inclusivas (RI). A RI é um serviço de Proteção Social Especial de Alta Complexidade vinculado ao Sistema Único de Assistência Social (SUAS). O equipamento atende "jovens e adultos com deficiência, em situação de dependência, que não disponham de condições de autossustentabilidade ou de retaguarda familiar e/ou que estejam em processo de desinstitucionalização de instituições de longa permanência" (Brasil, 2014c, p. 10).

A RI, de forma análoga à criação dos Serviços Residenciais Terapêuticos (SRT) em resposta aos hospitais psiquiátricos, constitui um serviço substitutivo aos serviços de acolhimento institucional de grande porte, acolhendo a pequenos grupos. Assim, a criação do serviço RI decorre do plano de reestruturação de serviços de acolhimento para pessoas com deficiência com a "perspectiva de romper com a lógica do isolamento e segregação, e propiciar a efetivação da garantia dos direitos das pessoas com deficiência" (Brasil, 2014c, p. 24).

Assim, essa modalidade de serviço oferece acolhimento institucional, porém assume a finalidade de promover a inclusão social por meio da construção de autonomia e protagonismo e da participação social e comunitária. Isso posto, excluímos de nossa análise as entidades tipificadas como Residência Inclusiva por considerá-las como serviços de desinstitucionalização.

Vale ressaltar, entretanto, que encontramos em nosso estudo informações que apontam para a necessidade de realização de pesquisas que investiguem as formas de funcionamento e demanda atendida também nesses serviços.

A Resolução n. 6, de 13 de março de 2013, estabelecida pelo Conselho Nacional de Assistência Social (CNAS), define no Art. 2º que "cada Residência Inclusiva terá capacidade instalada de atendimento de até 10 (dez) jovens e adultos com deficiência". Pudemos averiguar, entretanto, que alguns dos serviços tipificados como Residências Inclusivas encontrados em nosso estudo apresentavam um número de acolhidos maior do que o previsto pela Resolução.

Encontramos catorze serviços tipificados como RIs. Entre estes, pudemos observar a seguinte distribuição: cinco instituições com vinte acolhidos, quatro instituições com dez acolhidos, duas instituições com onze acolhidos e três instituições com dezoito, dezesseis e treze acolhidos, respectivamente.

Embora não faça parte do escopo deste trabalho, ressaltamos aqui a importância da realização de pesquisas que abarquem as RIs, dado que estudos nessa área podem evidenciar e desenvolver práticas de cuidado e subsidiar ações que promovam a consolidação desse importante serviço.

Para compor a amostra de instituições analisadas neste estudo excluímos aquelas tipificadas como RI. Com isso, a pesquisa coletou informações sobre 28 entidades de acolhimento para pessoas com deficiência.

4.1.2. Perfil institucional

Apresentaremos a seguir dados sobre o perfil institucional dessas entidades.

4.1.2.1. Município

A Tabela 2 apresenta a localização por município das 28 instituições estudadas.

Podemos observar a predominância do município de São Paulo entre as localidades das instituições estudadas. Esse dado pode ser decorrente do fato de que fizemos contato com órgãos públicos apenas desse município. Isso significa que não é possível afirmar que essas instituições estejam concentradas em São Paulo, apenas que a pesquisa teve acesso a um número muito maior de informações desse município em comparação aos outros.

Vale destacar também que duas das instituições estudadas tinham outras unidades com o mesmo perfil de atendimento em outros estados, como Paraná, Santa Catarina, Mato Grosso do Sul, Ceará e Distrito Federal.

Tabela 2 – Distribuição das instituições por município

Município	Número de entidades
São Paulo	18
Atibaia	4
Jaci	1
Avaré	1
Cotia	1
Araçoiaba da Serra	1
Guarulhos	1
Casa Branca	1
Total	**28**

Fonte: Elaborada pela autora.

4.1.2.2. Público-alvo e finalidade de atendimento

A pesquisa constatou que as 28 entidades pesquisadas apresentam diferenças em relação ao público-alvo ao qual se destinam. Registramos informações obtidas nas visitas e websites institucionais sobre o grupo-alvo para o qual cada uma das entidades declara prestar atendimento. A Tabela 3 apresenta os dados coletados.

A partir dessas informações, podemos observar que o grupo de instituições estudadas, que atendem exclusivamente pessoas com deficiência em regime de acolhimento, subdivide-se de acordo com a população atendida. Isto é, criam-se categorias e especialidades entre essas instituições que são definidas a partir do diagnóstico da clientela atendida. Dessa forma, as entidades estruturam-se em torno da "doença" dos acolhidos, considerando-os um grupo homogêneo de pessoas "produto de uma particularidade específica" (Basaglia, 2010, p. 135).

Tabela 3 – Público-alvo das instituições

Público-alvo	Instituições
Atendimento para pessoas com deficiência física e mental	10
Atendimento exclusivo para portadores do Transtorno do Espectro Autista (TEA)	4
Atendimento para pessoas com deficiência física e mental e portadores do TEA	3
Atendimento para pessoas com Paralisia Cerebral (PC)	3
Atendimento para pessoas com PC e TEA	1
Atendimento exclusivo para pessoas com deficiência mental	1
Atendimento para "pessoas com necessidades especiais"	6
Total	**28**

Fonte: Elaborada pela autora.

Esse modo de estruturação institucional, como vimos na introdução deste trabalho, foi largamente utilizado antes da implantação da Reforma Psiquiátrica Brasileira. Esse modelo, denominado como hospitalocêntrico, centra sua atuação em internação de longa permanência nos hospitais psiquiátricos, com o tratamento restrito ao interior da instituição. Entretanto, essa prática resultou na segregação e exclusão social dos sujeitos a ela submetidos. Além disso, observou-se como efeito a homogeneização das práticas institucionais desenvolvidas e da população de internos nestas instituições consideradas especializadas no tratamento de uma patologia específica.

De mesma forma, como apontado neste estudo sobre as entidades sociais, as instituições psiquiátricas estruturavam sua clientela de acordo com a doença. Podemos dizer que o foco da intervenção estava centrado na doença e nos sintomas, não nos sujeitos e seus contextos, conforme preconizam as diretrizes da Política Nacional de Saúde Mental e da Política Nacional de Saúde da Pessoa com Deficiência. Assim, a patologia estabelece-se como critério principal de ingresso nos serviços. Isso posto, a partir dos resultados apresentados, podemos aventar que as entidades estudadas se mantiveram à margem do reordenamento dos serviços de atenção em saúde mental, conservando um modelo hospitalocêntrico de atuação.

Além disso, pudemos também constatar que duas das entidades estudadas mantêm outras unidades de atendimento que prestam atenção ambulatorial.

4.1.2.3. Número de acolhidos

Com a finalidade de preservar a identidade das instituições, bem como garantir o sigilo e a confidencialidade dos dados, os nomes das instituições foram substituídos por números atribuídos de maneira aleatória. Apresentaremos na Tabela 4 a distribuição do número total de acolhidos em cada instituição pesquisada.

A partir da análise dos dados sobre o número total de sujeitos acolhidos em cada uma das entidades estudadas, podemos perceber que as instituições apresentam variação de ocorrências em relação à sua capacidade de atendimento, pois o número de acolhidos varia entre 6 e 560 sujeitos.

Os resultados publicados pelo Censo SUAS 2017 (Brasil, 2018) também apontam variação em relação ao atendimento nas unidades de acolhimento exclusivo para a pessoa com deficiência, com registros

Tabela 4 – Número de acolhidos por instituição

Instituição	Número total de acolhidos
1	9
2	11
3	199
4	37
5	28
6	22
7	46
8	560
9	70
10	274
11	80
12	19
13	12
14	43
15	12
16	15
17	20
18	77
19	16
20	10
21	9
22	34
23	30
24	50
25	100
26	20
27	6
28	42
Total	1851

Fonte: Elaborada pela autora.

de capacidade máxima de atendimento de 100 pessoas nas unidades destinadas às crianças e adolescentes e 345 em unidades para adultos.

De mesma forma, os dados publicados pelo CNES apontam que, entre os estabelecimentos que apresentam leitos de cuidados prolongados para pessoa com deficiência, a capacidade de atendimento varia entre instituições que atendem desde 19 até 610 pessoas.

A partir dos dados levantados pela presente pesquisa pode-se constatar, portanto, a ausência de padronização em relação ao funcionamento e capacidade de atenção das instituições de acolhimento para pessoas com deficiência.

O IC 033/17 (São Paulo, 2017) publica informações sobre dezesseis instituições de acolhimento para a pessoa com deficiência no município de São Paulo e indica resultados semelhantes que corroboram esta afirmação. De acordo com o documento, pode-se constatar a "ausência de definição em previsões legais e técnicas específicas sobre o tipo de serviço" (São Paulo, 2017, p. 4).

Além disso, o dado sobre o número total de acolhidos evidencia-se como uma informação relevante. Encontramos, em nosso estudo, o número total de 1851 pessoas em situação de acolhimento institucional nas entidades pesquisadas. Assim sendo, a pesquisa aponta para um grande contingente de pessoas com deficiência institucionalizadas em instituições de longa permanência. Vale ressaltar que o estudo teve acesso apenas a uma parcela de instituições dessa natureza no Estado de São Paulo.

A ocorrência da institucionalização de pessoas com deficiência no Brasil, incluindo adultos e crianças, encontra-se também descrita em diversos estudos e pesquisas (Altoé, 1990; Nallin, 1992; Ciampone, 1996; Almeida e Delgado, 2000; Rizzini e Rizzini, 2004; Marcílio, 2006; CIEPSI, 2008; Paula, 2008; Lobo, 2008; Ricardo, 2011; Almeida, 2012;

Queiroz e Rizzini, 2012; Cubas, 2016; WRH, 2018) e nos cadastros públicos da rede assistencial.

Os dados publicados pelo Censo SUAS 2017 (Brasil, 2018) apontam para a existência de 5589 unidades de acolhimento no Brasil. Entre essas, podemos observar o registro de 33 unidades destinadas ao acolhimento de crianças e adolescentes com deficiência e 254 unidades destinadas ao acolhimento de pessoas adultas com deficiência. Especificamente em relação ao Estado de São Paulo, o levantamento aponta para a existência de 73 unidades de acolhimento voltadas ao atendimento de pessoas com deficiência, entre crianças, adolescentes e adultos.

Em relação à quantidade de pessoas acolhidas, o Censo SUAS 2017 (Brasil, 2018) registra a ocorrência de 30.824 pessoas com deficiência e 16.980 pessoas portadoras de doença mental em situação de acolhimento institucional em serviços pertencentes à rede SUAS. No tocante às unidades de acolhimento que atendem especificamente pessoas com deficiência, o levantamento aponta para a ocorrência de 5714 pessoas em situação de acolhimento institucional nessas unidades, entre as quais 817 são crianças e adolescentes.

A internação de longa permanência de pessoas com deficiência também pode ser observada nos dados publicados pelo Ministério da Saúde, que apontam para a soma de 1583 leitos de cuidados prolongados para pessoa com deficiência, disponibilizados em oito estabelecimentos registrados no CNES.

Além disso, o levantamento sobre os moradores de hospitais psiquiátricos no Estado de São Paulo assinala a ocorrência de 28% de moradores diagnosticados na faixa F70 a F79 (retardo mental), além de 12,5% de moradores que apresentam deficiência física, 6,6% que apresentam deficiência visual e 4,8% com deficiência auditiva (SES, 2015).

Vale destacar aqui que a soma desses dados não representa a população total de sujeitos em instituições de acolhimento e internação de longa permanência para pessoa com deficiência, pois, conforme exposto anteriormente, as instituições dessa natureza podem ser tipificadas de formas distintas e vincular-se a diversas áreas, como saúde, educação e assistência social, nos três níveis de governo. Além disso, esses dados não abarcam as instituições financiadas exclusivamente pelo campo privado.

O presente estudo demonstra, assim, ser fundamental a realização de pesquisa censitária sobre a população de sujeitos internados em instituições de acolhimento para pessoa com deficiência. A produção de estudos que abarquem a totalidade dessas instituições é imprescindível ao dimensionamento da prática de acolhimento e desvelamento de informações sobre o perfil institucional das entidades e população por elas atendida.

A descoberta desses dados é vital para a criação e desenvolvimento de práticas de inclusão que visem à desinstitucionalização e atendam às reais necessidades dessa população. Além disso, de forma semelhante ao Censo de Moradores de Hospitais Psiquiátricos (SES, 2015, p. 10), a produção de pesquisa censitária sobre os moradores de instituições de acolhimento para pessoa com deficiência figura-se como instrumento importante para a "reflexão sobre quais são as situações e os determinantes da manutenção dessa condição".

Por fim, há que se destacar a urgência de tomarmos a população de sujeitos acolhidos em instituições para pessoas com deficiência como objeto de pesquisas e intervenções, tendo em vista que a prática de internação de longa permanência acarreta violações de direitos e que, conforme exposto, os dados atuais disponíveis apontam para um importante contingente de sujeitos acolhidos.

4.1.2.4. Número de crianças e adolescentes acolhidos

A pesquisa teve acesso a informações sobre a classificação etária dos sujeitos acolhidos em 24 instituições. Desse total, vimos que oito instituições não apresentam nenhum acolhido com idade menor a 18 anos. Importante salientar, entretanto, que entre elas, duas instituições declararam prestar atendimento à população de crianças e adolescentes em regime de acolhimento. Além disso, outras duas instituições forneceram dados parciais em relação à população de crianças e adolescentes. Essas entidades alegaram ter acolhidos menores de idade no momento da coleta de informações da pesquisa, mas não nos informaram sobre a quantidade.

Pudemos constatar que, das 24 instituições que forneceram informações sobre a faixa etária dos sujeitos acolhidos, dezoito atendem ao público infantojuvenil. Vemos, portanto, que as instituições pesquisadas apresentam as seguintes características de atendimento: dezesseis atendem adultos e crianças simultaneamente, seis atendem apenas a população de adultos e duas instituições prestam atendimento exclusivo à população infantojuvenil.

A ocorrência de instituições de acolhimento para crianças e adolescentes com deficiência, evidenciada nesta pesquisa, é uma constatação relevante, pois as diretrizes dos serviços de acolhimento para crianças e adolescentes não pactuam com o estabelecimento de serviços especializados. Nota-se, entretanto, que a existência de serviços de acolhimento institucional exclusivo para o atendimento de crianças e adolescentes com deficiência é reconhecível também em outros estados como, por exemplo, no Rio de Janeiro (CIEPSI, 2008).

A Tabela 5 apresenta o percentil de crianças e adolescentes em relação ao público total de acolhidos em catorze instituições que atendem simultaneamente adultos e crianças e que nos forneceram informações dessa natureza. Vale destacar que, com a finalidade de garantir o sigilo e a confidencialidade, para a apresentação desses dados atribuímos letras às instituições.

Tabela 5 – Porcentagem de crianças e adolescentes acolhidos em catorze instituições

Instituição	%
A	3
B	1
C	20
D	33
E	5
F	12
G	44
H	8
I	75
J	73
K	33
L	3
M	31
N	29

Fonte: Elaborada pela autora.

Primeiramente, cabe ressaltar que a evidência de que dezesseis instituições atendem uma população mista demonstra que, no Estado de São Paulo, há situações de institucionalização de adultos, adolescentes e crianças no mesmo espaço institucional. Nesses casos, a própria medida protetiva de acolhimento institucional repercute numa violação dos direitos da criança e do adolescente, pois, ao ser determinada, deve ocorrer em serviços específicos para essa população.

Além disso, a partir da análise dos dados apresentados na Tabela 5, podemos observar que nas instituições "mistas" há discrepância em relação à ocupação de crianças e adolescentes. Enquanto em algumas instituições este público representa baixo percentil em relação à população de adultos, em outras, vemos que a clientela é formada majoritariamente pela população infantojuvenil. Isso posto, a pesquisa revela que, devido à ausência de regulamentação e tipificação das instituições de acolhimento para pessoas com deficiências, fica exclusivamente a cargo das entidades a definição sobre a faixa etária da clientela atendida.

Por fim, embora a pesquisa não tenha podido apreender o número total de sujeitos com idade menor de 18 anos acolhidos nas 28 instituições, foi possível reconhecer a presença de pelo menos 192 crianças e adolescentes internados em instituições de acolhimento para pessoas com deficiência, representando aproximadamente 10,4% da população total de sujeitos acolhidos.

Para compreendermos de modo mais abrangente a ocorrência da internação de crianças e adolescentes nas instituições estudadas, coletamos informações sobre a idade dos sujeitos acolhidos no momento de entrada na instituição. A partir desse levantamento, pudemos calcular o número de indivíduos que, no momento da internação, tinham idade menor de 18 anos.

4.1.2.5. Acolhidos com idade menor de 18 anos no momento da internação

A pesquisa registrou informações sobre a idade dos acolhidos no momento da internação em 19 dentre as 28 instituições pesquisadas e encontrou, na totalidade delas, o acolhimento de sujeitos com idade menor de 18 anos. Excluindo desta amostra as instituições destinadas ao atendimento exclusivo de crianças e adolescentes, apresentaremos na Tabela 6 a porcentagem de ocorrência de acolhimento de crianças e adolescentes em relação à população total de acolhidos em dezessete instituições. Cabe ressaltar que as instituições foram nomeadas de forma distinta àquela apresentada na Tabela 5 para garantir o sigilo e a confidencialidade.

Tabela 6 – Acolhidos com idade menor de 18 anos no momento da internação em dezessete instituições

Instituição	%
A	67
B	82
C	33
D	36
E	83
F	97
G	89
H	34
I	65
J	100
K	100
L	100
M	100
N	11
O	85
P	100
Q	100

Fonte: Elaborada pela autora.

Os dados descritos na Tabela 6 demonstram importante contingente de sujeitos submetidos à internação com idade menor de 18 anos e, dessa forma, apontam para a historicidade da institucionalização de crianças e adolescentes como uma prática recorrente em períodos anteriores.

Além disso, ao analisarmos as informações sobre a idade atual e a idade de internação nessas dezessete instituições, pudemos observar um dado alarmante: 69% dos sujeitos foram internados durante o período da infância e adolescência e permaneceram institucionalizados após alcançarem a idade adulta. Assim, a pesquisa expõe o fato da longa durabilidade das internações que, por vezes, torna-se vitalícia.

A fim de apreendermos informações sobre as características da prática de acolhimento institucional de crianças e adolescentes em instituições voltadas ao atendimento para a pessoa com deficiência, o estudo investigou a distribuição de acolhimentos de crianças e adolescentes em relação ao período de funcionamento em uma instituição específica. A partir dos dados fornecidos pela entidade, pudemos levantar a frequência de internação dessa população por década, desde 1960, quando a entidade foi fundada. A Tabela 7 apresenta os resultados encontrados.

Os dados apresentados na Tabela 7 demonstram que, a partir de 1990, houve um decréscimo importante nas internações de crianças e adolescentes na instituição. Atribuímos essa ocorrência às modificações legais, que passaram a garantir direitos à população de crianças e adolescentes e redirecionaram a assistência no campo da saúde mental e da deficiência.

Destacamos a promulgação do Estatuto da Criança do Adolescente (ECA), em 1990, como fator determinante e fundamental para a diminuição das internações de crianças e adolescentes. Além deste, vale lembrar como marcos legais importantes a criação da Coordenadoria Nacional para Integração da Pessoa Portadora de Deficiência (CORDE), em 1986, e a regulamentação da Política Nacional para Integração da Pessoa Portadora de Deficiência, em 1989. A partir disso, podemos observar avanços significativos nas práticas de assistência e determinações legais em direção à garantia de direitos e inclusão social desta população.

Tabela 7 – Frequência da internação de sujeitos menores de 18 anos por década em uma instituição

Período	Acolhidos (%)
1960 - 1969	100
1970 - 1979	100
1980 - 1989	98
1990 - 1999	83
2000 - 2009	55
2010 - 2019	14

Fonte: Elaborada pela autora.

Os dados apresentados na Tabela 7 revelam que, nessa instituição de acolhimento para pessoas com deficiência, o número de internações de crianças e adolescentes diminuiu em 86% nas últimas seis décadas. Pode-se notar que a reestruturação no modelo de atenção à infância nos campos da saúde mental e da deficiência resultou em significativo efeito sobre a prática da internação.

Todavia, deve-se destacar que, embora com menor frequência de ocorrência, a prática da internação de crianças e adolescentes em instituições de acolhimento para pessoas com deficiência persiste até os dias atuais. Até mesmo posteriormente à determinação das diretrizes da Política Nacional de Saúde da pessoa com deficiência, da Política Nacional de Saúde Mental e também da promulgação da Lei Brasileira de Inclusão da Pessoa com Deficiência.

Além desses dados, destacamos aqui informações divulgadas por outra instituição sobre o tempo de internação de seus acolhidos. A Tabela 8 apresenta o período de duração da internação, de acordo com os dados publicados no site da entidade.

Tabela 8 – Frequência de duração das internações em uma instituição

Duração	%
+ de 50 anos	10
Entre 41 e 50 anos	23
Entre 31 e 40 anos	37
Entre 21 e 30 anos	7
Entre 11 e 20 anos	7
Entre 0 e 10 anos	16

Fonte: Elaborada pela autora.

Os dados publicados por essa instituição, somados às informações apresentadas na Tabela 8, evidenciam o caráter perene das internações em instituições de acolhimento para pessoas com deficiência. O levantamento realizado pelo Inquérito Civil 033/17, utilizado como fonte de dados neste estudo, também aponta para a baixa perspectiva de desligamento. De acordo com a pesquisa, nas dezesseis instituições estudadas, o óbito aparece como principal motivo de desligamento, em 46,6% dos casos (São Paulo, 2017).

Assim, podemos constatar o caráter perpétuo da prática do acolhimento nessas instituições. Vemos que, nos casos de internação de crianças e adolescentes, o processo de exclusão e asilamento teve início ainda em período anterior à idade adulta. Vemos também que a população de crianças e adolescente envelhece no ambiente institucional, permanecendo institucionalizada durante a maior parte da vida; como bem salienta o CIEPSI (2008, p. 30), o "destino vai se firmando como um candidato ao confinamento institucional perene".

A ocorrência de sujeitos adultos que entraram nas instituições de acolhimento para pessoas com deficiência com idade menor de 18 anos também foi constatada nos estudos de Nallin (1992), Ciampone (1996), Almeida e Delgado (2000), Paula (2008), Ricardo (2011), Queiroz e Rizzini (2012), Almeida (2012), Cubas (2016) e HRW (2018). Dito isso, nosso estudo corrobora a importância no desenvolvimento de pesquisas e intervenções que tomem como objeto o universo de crianças e adolescentes internados em instituições de acolhimento para pessoas com deficiência, a fim de subsidiar ações que promovam garantia de direitos e inclusão social. Como bem observam Rizzini e Almeida (2011, p. 70), "a naturalização do confinamento (muitas vezes permanente) de crianças e adolescentes com deficiência precisa ser superada. Os dados apontam para a longa permanência institucional, apesar de constituir uma violação dos direitos dessas crianças e adolescentes".

Dessa forma, o estudo demonstra que a internação de crianças e adolescentes em instituições de acolhimento para pessoas com deficiência é uma prática frequente nas instituições pesquisadas e assume caráter asilar, perdurando por toda a vida. Em outras palavras, a presença de crianças e adolescentes nessas instituições evidencia que, longe de ser uma prática em desuso, a internação e asilamento dessa população perdura até os dias atuais.

4.1.2.6. Financiamento e convênio com o setor público

Importante salientar que a totalidade das instituições pesquisadas oferece, exclusivamente, gratuidade de atendimento em regime de acolhimento. A fim de investigar o papel desses serviços e sua relação com a rede pública de atendimento, o presente estudo levantou informações sobre a forma de vinculação e financiamento público exercida pelas entidades estudadas. Em nossa pesquisa encontramos a seguinte distribuição por natureza jurídica (Tabela 9):

Tabela 9 – Distribuição das instituições por natureza jurídica

Natureza jurídica	Número de entidades
Associação privada[1]	23
Organização religiosa[2]	1
Empresa individual de responsabilidade limitada (de natureza simples)[3]	1
Fundação privada[4]	1
Sociedade empresária limitada[5]	2
Total	28

1. As associações privadas estão previstas na Lei n. 10.406/2002.
2. As organizações religiosas estão previstas na Lei n. 10.825/2003.
3. As empresas individuais de responsabilidade limitada estão previstas na Lei n. 12.441/2011.
4. As fundações privadas estão previstas na Lei n. 10.406/2002.
5. As sociedades empresariais limitadas estão previstas na Lei n. 10.406/2002.

Fonte: Elaborada pela autora.

As informações apontadas na Tabela 9 demonstram que as instituições estudadas variam em relação a sua natureza jurídica, sendo a categoria "associação privada" preponderante nesse grupo. Esse dado corrobora o fato, já apontado anteriormente, de que não há padronização de normas ou previsões legais sobre as instituições de acolhimento para a pessoa com deficiência.

Além da diversidade em relação à natureza jurídica das instituições, pudemos constatar também diferentes formas e áreas de vinculação com o setor público. Com objetivo de manter o sigilo e a confidencialidade sobre a identidade das instituições pesquisadas, não descreveremos o nível de gestão com as quais estão vinculadas. Desse modo, os dados apresentados na Tabela 10 demonstram apenas a área sobre a qual o convênio está estabelecido. Cabe destacar que algumas instituições possuem mais de um tipo de vinculação com o poder público.

Tabela 10 – Tipos de convênio com o poder público

Tipos de convênio	Instituições
Não possui convênio	12
Possui convênio com a área da Assistência Social	8
Possui convênio com a área da Saúde	8
Possui convênio com o Ministério da Saúde (SUS)	5
Possui convênio com a área da Educação	1
Sem informação	2
Total de convênios	**36**

Fonte: Elaborada pela autora.

Após a análise dessas informações, pudemos constatar que, entre o grupo de instituições pesquisadas, catorze delas – o que equivale a 50% de nossa amostra – registram vinculação com o poder público em algum nível de gestão. Entre essas, pudemos observar que a área da saúde prepondera como campo sobre o qual as instituições de acolhimento para pessoas com deficiência estabelecem maior número de convênios; a área da assistência social vem logo a seguir. Em relação ao campo da educação, encontramos registro de vinculação em apenas uma das instituições estudadas.

O levantamento dessas informações demonstrou ainda que, entre as 28 instituições pesquisadas, doze não estabelecem convênio direto com o poder público em nenhum nível de gestão; sendo assim, são financiadas exclusivamente pela iniciativa privada e sociedade civil. O estudo HRW (2018, p. 16) aponta resultado semelhante: "o financiamento de instituições provém de várias fontes, incluindo de estados e municípios, grupos religiosos, fundações privadas e indivíduos, inclusive de países estrangeiros".

Os dados sobre convênios com o Estado reafirmam a hibridez das instituições de acolhimento para pessoa com deficiência que, embora apresentem características semelhantes de funcionamento, vinculam-se ou não ao poder público, em diferentes áreas de atuação. Em consequência disso, estas instituições permanecem à margem das políticas públicas.

A gratuidade do acolhimento evidencia um aspecto relevante: o Estado e as instituições de acolhimento para pessoas com deficiência mantêm uma relação de assistência apartada e, ao mesmo tempo, complementar. Isto é, as instituições absorvem uma demanda desassistida pelo poder público, mas não se integram efetivamente na rede pública de atenção. Assim sendo, o Estado não estabelece normas sobre essas instituições, mas confere a elas a responsabilidade do cuidado com a população atendida. Dessa forma, perdura a lógica da assistência filantrópica e caritativa, uma vez que as entidades se estruturam de maneira autônoma a partir de suas próprias regras de funcionamento.

Ademais, o presente estudo pôde constatar que, além das diferentes formas de vinculação com o setor público, as entidades exercem estratégias distintas para captação de verbas. Dentro do grupo de instituições pesquisadas, detectamos as seguintes formas de arrecadação de fundos: recebimento de doações em dinheiro de empresas ou pessoas físicas, recebimento de doações de roupas/produtos alimentícios, realização de bazares, realização de jantares e eventos, recebimento de verba por emenda parlamentar, recebimento de benefício de nota fiscal paulista, apadrinhamento de acolhidos e uso do Benefício de Prestação Continuada dos acolhidos.

Além disso, pudemos observar importante atuação de trabalhadores voluntários nessas entidades. Explicitaremos a seguir a frequência e forma de funcionamento dessas práticas, observadas em 26 das 28 instituições estudadas, visto que não conseguimos acesso a informações dessa natureza em duas entidades.

Doações

Vimos que 92% das instituições pesquisadas recorrem a pedidos de doações em dinheiro para pessoas físicas ou jurídicas, em campanhas ou nos próprios websites institucionais – que exibem os dados bancários das instituições –, com as opções de doação esporádica ou periódica. Além disso, duas instituições oferecem a possibilidade de doações via Fundo Municipal da Criança e do Adolescente (FUMCAD) e sete destacam a doação como forma de abatimento tributário, no caso das empresas.

Além da doação em dinheiro, pudemos observar que onze instituições incentivam também doações de produtos para uso cotidiano ou para a realização de bazares. Entre essas solicitações, os pedidos mais recorrentes foram de produtos alimentícios e de higiene pessoal, presentes em oito websites. Além destes, encontramos também nos websites pedidos de doação de roupas, medicações, fraldas, móveis e eletrodomésticos, roupas de banho e cama, produtos de limpeza, brinquedos, material de construção, cadeiras de rodas, sondas, luvas de látex, equipamentos e maquinários e materiais como copos descartáveis e papel sulfite.

Ademais, pudemos observar que, entre as instituições que solicitam doações de bens materiais, algumas expressam carência de itens básicos para a assistência aos sujeitos acolhidos. Exemplo disso pode ser apreendido pelo website de uma das instituições, onde há um aviso denominado "urgente", no qual estão listados alguns itens. Este aviso é atualizado com frequência. Destacaremos abaixo um exemplo extraído da página da instituição:

URGENTE
Papel-toalha
Bolacha água e sal
Bolacha recheada
Bolacha de maisena
Pediasure baunilha
Sustain
Vassoura
Rodo

Fonte: Website institucional.[21]

A ocorrência de solicitações de alimentos, itens básicos de cuidado e bens de consumo, observada não apenas nesse anúncio, mas também em outros websites institucionais, parece-nos relevante. Esse dado nos possibilita formular a hipótese de que algumas dessas entidades apresentam importante dificuldade financeira, o que, indubitavelmente, prejudica o cuidado e assistência aos acolhidos.

Bazares e eventos

A realização de bazares e de eventos evidenciou ser também uma estratégia para captação de verba exercida pelas entidades. Em nos-

---

21. Acesso em: jul. de 2019.

sa amostra, observamos que dezesseis instituições realizam eventos como bingos, festas e jantares beneficentes e doze delas promovem bazares de produtos, móveis ou roupas. Vale destacar que apenas uma dessas instituições comercializa itens produzidos pelos sujeitos em acolhimento. A realização dos bazares, portanto, depende das doações recebidas pela instituição.

Nota Fiscal Paulista

O Programa Nota Fiscal Paulista[22] é uma ação desenvolvida pelo governo do Estado de São Paulo com a finalidade de aprimorar e incentivar o controle fiscal. Ao consumir, o cidadão pode vincular a nota fiscal da compra ao seu próprio CPF, que, posteriormente, resultará no recebimento de crédito.

O programa prevê também que as entidades paulistas sem fins lucrativos que atuem nas áreas da assistência social, saúde, educação, proteção animal e cultura possam ser beneficiárias de créditos em casos da doação de cupons fiscais por parte dos consumidores.

A pesquisa constatou, dentro da amostra de 26 instituições, que nove entidades se utilizavam de créditos advindos de doações do Programa Nota Fiscal Paulista como prática de captação de recursos financeiros.

Voluntariado

O levantamento de informações sobre formas e estratégias de financiamento adotadas pelas instituições apontou o uso de trabalho voluntário como uma prática recorrente observada em aproximadamente 57% das instituições pesquisadas. Esse dado foi incluído

---

22. Programa de Estímulo à Cidadania Fiscal do Estado de São Paulo instituído pela Lei n. 12.685/2007.

nos resultados da presente pesquisa, pois a atuação de trabalhadores voluntários configura-se como uma estratégia comum, utilizada tanto em práticas de assistência direta aos acolhidos, quanto em práticas de gerenciamento e funcionamento institucional.

Vale ressaltar que a atuação de trabalhadores voluntários não se restringe às entidades sociais abarcadas neste estudo. O Censo GIFE 2016 aponta o uso de trabalho voluntário como uma prática recorrente nas organizações da sociedade civil. De acordo com o estudo, observa-se, inclusive, "um pequeno aumento da quantidade de respondentes que possuem um programa formal de voluntariado, passando de 57% em 2014 para 60% em 2016" (GIFE, 2017, p. 167).

Segundo a regulamentação federal,[23] considera-se como serviço voluntário "a atividade não remunerada prestada por pessoa física a entidade pública de qualquer natureza ou a instituição privada de fins não lucrativos que tenha objetivos cívicos, culturais, educacionais, científicos, recreativos ou de assistência à pessoa" (Brasil, 1998).

Podemos observar que, no contexto brasileiro, a atuação de trabalhadores voluntários dirige-se principalmente à assistência de grupos em situação de pobreza ou vulnerabilidade social. Além disso, por tratar-se de uma atividade que não gera vínculo ou obrigações trabalhistas, pode ser exercida de formas distintas, mediante acordo entre a instituição receptora e o prestador do serviço.

A Pesquisa Nacional por Amostra de Domicílios Contínua (PNAD Contínua) estima em "7,4 milhões o número de pessoas que realizaram trabalho voluntário em 2017, o que corresponde a 4,4% da população de 14 anos ou mais de idade" (IBGE, 2018, p. 14). Além

---

23. Destacamos a Lei n. 9.608/1998 que dispõe sobre o serviço voluntário e a Lei n. 13.297/2016 que inclui como serviço voluntário as atividades não remuneradas de assistência à pessoa.

disso, a pesquisa assinala 6,3 horas semanais como média individual de horas despendidas em atividades voluntárias.

Outro dado relevante para nosso estudo e revelado na pesquisa refere-se aos locais de atuação do trabalho voluntário. Pode-se constatar que 79,8% das pessoas realizavam essa atividade em congregação religiosa, sindicato, condomínio, partido político, escola, hospital e asilos. Assim sendo, os dados apresentados demonstram a ocorrência de significativa associação entre os serviços voluntários e o campo das políticas públicas.

Em relação ao incentivo dos trabalhadores voluntários para o exercício dessa prática, Selli e Garrafa (2005) apontam para três fatores distintos: motivações relacionadas com a história de vida dos sujeitos, que buscam realização pessoal com a atividade; motivações relacionadas a crenças religiosas e motivações relacionadas ao sentimento de solidariedade. Além destes, Piccoli e Godoi (2012) apontam para motivos de ordem social – visto que o campo do trabalho voluntário possibilita estabelecimento de novas relações interpessoais – e motivos de ordem profissional, nos casos em que o exercício desta atividade vise à formação ou capacitação dentro de uma área específica de atuação.

O trabalho voluntário evidencia-se como prática de atuação abrangente que, além de proporcionar assistência pública à população, oferece campo para a satisfação de anseios profissionais e pessoais dos sujeitos que realizam tais atividades.

Não cabe no escopo do presente estudo analisar as formas ou a eficácia das práticas desenvolvidas por meio da atuação de trabalhadores voluntários. Vale ressaltar, entretanto, que o exercício desse tipo de trabalho pode dificultar a efetivação de práticas de assistência pautadas por políticas públicas.

Esse fato decorre da própria natureza do trabalho, pois, como vimos, ele deriva de diferentes motivações e pode ser exercido em distintas formas e periodicidade, já que não se configura como vínculo empregatício. Assim, não é possível garantir que a atuação do trabalhador voluntário esteja orientada pelas diretrizes nacionais de assistência, tanto em relação à frequência dos serviços ofertados quanto em relação aos objetivos das ações neste campo.

A partir da análise dos dados coletados no presente estudo, pudemos constatar a presença de trabalho voluntário em aproximadamente 57% das instituições pesquisadas. Além disso, averiguamos a ocorrência de ampla variedade de serviços prestados e a atuação de trabalhadores voluntários em diferentes áreas.

No campo da gestão e administração das instituições, encontramos prestadores exercendo serviços voluntários como conselheiro, diretor, presidente, assistente jurídico, auxiliar administrativo, auxiliar de captação de recursos, recepcionista e sujeitos que contribuem com a organização e realização de bazares e eventos.

Na área da saúde e assistência social, pudemos observar a ocorrência dos seguintes profissionais voluntários: médico (cardiologista, clínico geral, fisiatra, ginecologista, neurologista), enfermeiro, fonoaudiólogo, fisioterapeuta, musicoterapeuta, dentista, psicólogo, psicopedagogo, nutricionista, assistente social e cuidadores responsáveis pelo auxílio em atividades de alimentação e higiene. Encontramos ainda a atuação de profissionais que exercem atividades de transporte, atividades lúdicas e de recreação, assim como serviços de cabeleireiro e cuidados em beleza.

Por fim, vimos em nossa amostra a ocorrência de trabalhadores voluntários que oferecem serviços estruturais ao funcionamento das instituições, como nos casos de sujeitos que atuam na cozinha, lavanderia, costura, limpeza e despensa.

Vê-se, portanto, que também em relação à atuação de profissionais voluntários, as instituições pesquisadas não apresentam regulamentação e diretrizes que vigorem sobre essa prática, inclusive nas áreas da saúde e assistência social. Tendo em mente a população alvo deste estudo, que compreende crianças e adolescentes internados em instituições de acolhimento para pessoas com deficiência, esse dado parece-nos relevante, na medida em que pode significar o exercício de práticas de assistência dissonantes das diretrizes das políticas públicas, violando assim direitos desta população.

Dado que a garantia dos direitos pode cumprir-se apenas por meio da efetivação de políticas públicas intersetoriais de atenção e cuidado à infância e adolescência, nossa pesquisa evidencia ser fundamental a realização de futuros estudos que investiguem sobre os serviços voluntários recebidos por crianças e adolescentes nestas instituições de acolhimento.

A elucidação dessa prática possibilitará compreendermos qual relação se estabelece com a rede de proteção e assistência, considerando que, como bem salienta Fleury (2008), a vinculação de serviços voluntários com as políticas públicas pode, em alguns casos, resultar na realização de práticas de assistência heterogêneas e descontínuas e em ações e programas superpostos.

Para concluir, vale apontar que esses dados podem tanto servir como indicadores para o direcionamento de ações no campo das políticas públicas quanto subsidiar a construção de estratégias de assistência que possam dialogar com o campo do trabalho voluntário de forma a garantir os direitos das crianças e adolescentes.

Visitas institucionais

O presente estudo pôde constatar que em 6 das 28 instituições pesquisadas ocorreu o uso de visitas institucionais como estratégia para fomentar doações, parcerias e trabalho voluntário. Nesses casos, encontramos nos websites das instituições convites abertos ao público em geral para conhecer a instituição. Vale destacar que em três dessas instituições a visita prescindia de qualquer contato prévio ou agendamento do interessado, visto que as páginas institucionais já indicavam os dias e horários abertos à visitação. Constatamos, assim, ser esta uma prática instituída e recorrente nessas entidades.

Durante o desenvolvimento do estudo, assim como o levantamento da HRW (2018), constatamos que as visitas incluem o acesso às acomodações dos acolhidos. Além disso, pareceu-nos que os sujeitos acolhidos não tinham conhecimento prévio ou anuência sobre a presença de pessoas em seus locais de moradia.

Assim sendo, a prática da visita evidencia um modo de funcionamento dessas entidades que aparta os sujeitos acolhidos de escolhas e participação em relação ao espaço institucional, apesar de as instituições serem destinadas a acolher por tempo indeterminado os sujeitos, isto é, assumirem caráter de moradia.

Além disso, pudemos constatar tanto nas situações de visitas quanto no estudo nos websites institucionais de todas as entidades pesquisadas a reprodução de conteúdo que se utiliza da apresentação da deficiência, das necessidades e das dificuldades dos acolhidos como estratégia de captação de recursos.

O estudo da HRW (2018) aponta ocorrência semelhante ao descrever instituições que "pediam doações on-line usando imagens de pessoas com deficiência e as retratando como pessoas carentes, vulneráveis e necessitadas de cuidados, em vez de indivíduos autônomos" (HRW, 2018, p. 27).

Podemos então dizer que o uso de imagens em campanhas e nos websites das instituições não apresenta os sujeitos acolhidos como indivíduos autônomos com plena capacidade de desenvolvimento de habilidades; pelo contrário, exalta o caráter incapacitante e perene das necessidades especiais apresentadas pelos sujeitos acolhidos. Em última análise, esse dado evidencia a forma pela qual as instituições percebem os sujeitos acolhidos e a maneira como os representa perante o corpo social. Vale ressaltar que essa prática contribui para a manutenção do preconceito e para a reprodução de práticas de exclusão.

De acordo com o relatório HRW (2018), o comitê da Convenção sobre os Direitos das Pessoas com Deficiência (CDPD) classificou campanhas que fazem uso de estereótipos como incompatíveis com o objetivo e conteúdo da própria Convenção que define, no art. 8, a competência e responsabilidade dos estados em instaurar medidas efetivas para "combater estereótipos, preconceitos e práticas nocivas em relação a pessoas com deficiência, inclusive aqueles relacionados a sexo e idade, em todas as áreas da vida" (Brasil, 2009).

Desse modo, o presente estudo revela ser urgente e fundamental que as instituições de acolhimento para a pessoa com deficiência sejam objeto de pesquisa e intervenção, a fim de levar a discussão sobre essas entidades para a pauta nos campos da infância, saúde mental e deficiência.

Apadrinhamento

Encontramos a descrição do uso de apadrinhamento como prática direcionada à assistência aos sujeitos acolhidos em quatro instituições. Em dois destes casos o apadrinhamento refere-se à ajuda financeira destinada especificamente a um dos acolhidos e, nas páginas institucionais das outras duas entidades, o apadrinhamento refere-se à aproximação e estabelecimento de vínculo, também especificamente com um dos sujeitos acolhidos.

Vale destacar, entretanto, que nenhuma das instituições apresentou informações sobre pré-requisitos ou processo de seleção de interessados no apadrinhamento e tampouco foram citadas ações de capacitação ou acompanhamento dos padrinhos.

Benefício de Prestação Continuada (BPC)

A pesquisa encontrou registros sobre uso de verba advinda do BPC como complemento de recursos em algumas instituições pesquisadas. Nesses casos, o benefício é recebido e administrado pela instituição, que destina a renda ao que julgar necessário para funcionamento institucional.

O item 5.2.14 do presente estudo apresenta uma análise sobre a prática do recebimento do BPC por instituições de acolhimento para pessoas com deficiência.

Emenda Parlamentar

A emenda parlamentar é um instrumento utilizado pelo Poder Legislativo (municipal, estadual ou federal) para participar da elaboração do orçamento. Assim, os deputados federais, por meio das emendas parlamentares, podem destinar programações orçamentárias para o atendimento de demandas e projetos específicos.

A partir de nossa pesquisa, pudemos observar que algumas das entidades estudadas contavam também com o recebimento de verba por emenda parlamentar como forma de financiamento. A fim de dimensionar a prática dentro do universo de entidades estudadas, realizamos busca, por meio do número do Cadastro Nacional da Pessoa Jurídica (CNPJ), de cada uma das instituições no Portal da Transparência[24] da Controladoria Geral da União.

---

24. Fonte: http://www.portaltransparencia.gov.br/emendas. Acesso em: 14 fev. 2021.

O levantamento desses dados evidenciou a ocorrência de entidades registradas com o mesmo número de CNPJ, o que significa que são unidades pertencentes à mesma entidade ou pessoa jurídica. Assim, pudemos observar cinco ocorrências de duas entidades com o mesmo CNPJ. Em outras palavras, observamos que cinco instituições têm outra unidade filial com as mesmas características de assistência e funcionamento.

A busca sobre o recebimento de verba por meio de emenda parlamentar se deu, portanto, a partir dos 23 números de CNPJ encontrados. Essa pesquisa revelou que onze instituições foram contempladas com recebimento de recursos do governo federal por meio de emenda parlamentar. A Tabela 11 indica o valor recebido por entidade.

Tabela 11 – Recursos recebidos por instituição

Entidade	Recursos recebidos do governo federal
1	R$ 486.000
2	R$ 57.000
3	R$ 72.000
4	R$ 9.000.000
5	R$ 45.000
6	R$ 1.497.000
7	R$ 54.000
8	R$ 400
9	R$ 2.173.000
10	R$ 6.552.000
11	R$ 619,47
Total	R$ 20.356.400

Fonte: Elaborada pela autora.

Além disso, pudemos constatar que seis instituições foram contempladas com recurso do Governo Federal por meio de convênios e acordos. A Tabela 12 apresenta número de acordo e os valores celebrados.

Tabela 12 – Acordos e os valores celebrados por instituição

Entidade	Convênios e acordos firmados	Valores celebrados
1	7 acordos	R$ 2.380.000
2	6 acordos	R$ 1.478.500
3	6 acordos	R$ 1.047.399
4	21 acordos	R$ 3.791.454
5	4 acordos	R$ 40.847
6	5 acordos	R$ 1.841.274
Total	49 acordos	R$ 10.579.474

Fonte: Elaborada pela autora.

Os dados apresentados na Tabela 12 não nos possibilitam tecer observações sobre o destino e função da verba. Como não há um estudo de natureza censitária sobre a população de acolhidos em instituições de acolhimento para pessoas com deficiência, não é possível reconhecer as necessidades específicas desse grupo e mensurar gastos despendidos.

Ainda assim, é possível apreender um dado importante em relação ao recebimento de verba por meio de emendas parlamentares. Pudemos observar considerável variação em relação ao número de convênios e recursos recebidos pelas instituições. O montante de recursos recebidos variou entre 400 e 9 milhões de reais e a ocorrência de acordos ficou entre 4 e 21 acordos firmados.

Dito isso, o repasse de verba por meio de emendas parlamentares evidencia-se como recurso frequente nas instituições, sendo em alguns casos responsável pela captação de significativa quantia financeira. Apesar disso, a variação da distribuição das ementas demonstra a fragmentação dessa prática que, de um lado, garante o funcionamento e atendimento em algumas das instituições, mas, por outro, não favorece a efetivação de políticas públicas nesse campo.

4.2. PERFIL DOS ACOLHIDOS

Além das informações de mapeamentos que nos possibilitaram tecer considerações sobre o perfil institucional das entidades estudadas, realizamos também um estudo sobre o perfil dos sujeitos acolhidos em uma instituição específica.

Ao final da etapa de coleta, entregamos à instituição uma cópia de todas as informações coletadas e comprometemo-nos a retornar à entidade após a conclusão da pesquisa para apresentar os resultados do estudo. Para garantir o sigilo, as informações coletadas nessa etapa serão apresentadas de forma a impossibilitar o reconhecimento da instituição. Assim, não divulgaremos informações sobre o local de funcionamento, número total de acolhidos, formas de convênio e financiamento ou qualquer outra característica que prejudique a confidencialidade da instituição.

4.2.1. Documentos

Os prontuários consultados estavam dispostos de maneira organizada e apresentavam bom estado de conservação. Pudemos observar que os registros estavam atualizados e que os profissionais inscrevem cotidianamente informações nos prontuários.

Apesar disso, a coleta das informações evidenciou ser um processo vagaroso e exaustivo. Destacamos alguns fatores que contribuíram para o longo período (160 horas) despendido nessa etapa. O primeiro fator que observamos foi a ocorrência de repetição de registros. Encontramos cópias de documentos anexados mais de uma vez nos prontuários. Além disso, pudemos averiguar a apresentação de documentos incompletos, como fichas de anamnese com poucas informações registradas. Por último, podemos destacar a própria organização do documento como um fator dificultador. O prontuário, nessa instituição, constitui-se de arquivos distintos separados por especialidade. Um arquivo contém informações, prescrições e evoluções sobre as condições clínicas dos sujeitos, enquanto outro arquivo reúne informações referentes ao contexto familiar e social, história pregressa e atendimentos realizados. Assim, para apreender todas as categorias de dados, foi necessário realizar a pesquisa em ambos os arquivos.

Consultamos, nos prontuários, dados sobre cada um dos acolhidos e informações relativas à internação, à família e às medicações e tratamentos realizados durante o ano de 2018. Ademais, pudemos observar que a entidade produz um relatório individual sobre a evolução dos acolhidos semestralmente. Foram considerados, neste estudo, apenas os dois relatórios referentes ao ano pesquisado.

O presente livro não tem como finalidade analisar a instituição ou as práticas de cuidado por ela desenvolvidas. Interessa-nos somente investigar o perfil da população atendida, em especial aqueles com idade menor de 18 anos. O processo de coleta das informações por meio da consulta nos prontuários, entretanto, evidenciou aspectos institucionais importantes ao escopo deste estudo, que foram incluídos como elementos de análise.

O primeiro deles evidenciou-se por meio da consulta aos relatórios individuais. Esses documentos demonstram que os projetos individuais de assistência para os acolhidos são elaborados em torno de atendimentos e atividades que ocorrem dentro da instituição. Assim, a instituição oferece diferentes modalidades de atendimentos na área da saúde e reabilitação; todavia, todas elas são desenvolvidas exclusivamente no espaço institucional. Os registros de atividades externas descreviam consultas e tratamentos em saúde e participação esporádica em festas ou eventos. Em apenas 2,5% dos casos foram encontradas informações sobre o exercício regular de atividades externas de lazer e educação.

Vale notar, portanto, que a entidade prioriza ações de cuidado no intramuros da instituição e estabelece pouca articulação com outros serviços da rede intersetorial. Assim, podemos compreendê-la como uma instituição total que submete seus usuários a "uma vida fechada e formalmente administrada" (Goffman, 2015, p. 11), na medida em que não proporciona práticas de inclusão.

Sobre esse aspecto, outra informação coletada revela-se importante. Pudemos observar que nenhum dos acolhidos que deram entrada na instituição com idade menor de 18 anos frequentou a escola, apesar do direito ao acesso à educação para essa população estar garantido conforme o Estatuto da Criança e do Adolescente. Esse fato corrobora a importância de lançarmos luz sobre essas entidades tanto no campo acadêmico, como no campo da assistência. Em outras palavras, é fundamental conhecer essas entidades para podermos desenvolver novas práticas e políticas públicas capazes de responder às necessidades dos atendidos sem submetê-los a qualquer violação de seus direitos.

O segundo dado institucional que gostaríamos de pontuar refere-se às anotações dos profissionais. Vimos que todos os acolhidos tinham registros diários no prontuário com informações sobre o estado atual, intercorrências e atendimentos realizados. Pudemos observar que quase a totalidade dos profissionais elaborava registros individuais, o que aponta para uma preocupação institucional em compreender e avaliar cada um dos acolhidos, considerando sua individualidade e particularidades. Encontramos, entretanto, um profissional que anexou aos prontuários de diferentes sujeitos documentos com o mesmo conteúdo em diversos meses diferentes.

Por fim, vale ressaltar a semelhança dos documentos analisados em decorrência das práticas institucionais. Percebemos que a instituição constantemente avalia e reestrutura as atividades desenvolvidas por cada um dos acolhidos. Assim, não há uma conduta geral de atendimento; os casos são avaliados individualmente e para cada um deles é determinada uma rotina que varia de acordo com o seu desenvolvimento. Em decorrência do longo período de acolhimento e ausência de práticas de inclusão social, os prontuários tornam-se documentos semelhantes, na medida em que passam a descrever quase que exclusivamente a situação presente dos acolhidos. Isto é, a ausência de perspectiva de saída ou até mesmo de mudanças efetivas na rotina dos acolhidos que envolvam práticas de inclusão exclui o tempo futuro dos prontuários, que, apesar de diferirem em seu conteúdo, assemelham-se em sua forma. Como não há proposições extramuros previstas para o futuro dos acolhidos, os registros centram-se na descrição de informações presentes sobre sono, alimentação, higiene, estado físico, humor e sobre os atendimentos realizados, tornando-os, assim, narrativas semelhantes e repetitivas.

Importante salientar que não estamos aqui questionando a efetividade dos atendimentos realizados na instituição. Ao contrário, pudemos perceber, na descrição e avaliação dos atendimentos, que os acolhidos se beneficiam dessas práticas, com redução de sintomas e desenvolvimento de autonomia. A repetição se dá não pela qualidade dos atendimentos, mas pelo funcionamento institucional, que opera ainda sob a lógica da exclusão social e do confinamento que impossibilitam, inclusive, que a melhora e desenvolvimento do acolhido resulte em mudanças significativas sobre seus projetos de vida.

A análise sobre a demanda atendida possibilitou-nos construir pistas sobre quais agentes e discursos sustentam a manutenção da prática de internação de longa permanência nestas instituições. Vale lembrar que a presente pesquisa coletou informações sobre o perfil da clientela em uma única instituição. Assim, os dados não são representativos da população total de sujeitos institucionalizados em entidade de acolhimento para a pessoa com deficiência no Estado de São Paulo. A dimensão de nossa amostra não nos permite generalizar o perfil encontrado. O que se pretende neste estudo é traçar, a partir da análise de nossa amostra, pistas sobre os percursos institucionais dos acolhidos e levantar características da população e suas famílias dentro do contexto estudado, a fim de formular hipóteses que subsidiem práticas de inclusão e desinstitucionalização. Vale reiterar a importância da realização de pesquisas de mapeamento e caracterização destas instituições que abarquem todo o território do Estado de São Paulo.

Apresentaremos a seguir as informações coletadas sobre o perfil de sujeitos acolhidos em uma entidade específica.

4.2.2. Perfil dos acolhidos

Coletamos informações sobre a presença de registros de documentos pessoais nos prontuários dos acolhidos. O estudo não coletou os dados brutos, isto é, os números dos documentos, apenas registramos a frequência dos seguintes registros de identificação: nome da mãe; certidão de nascimento, RG; CPF; cartão SUS; cartão de plano de saúde particular e outros documentos. A Tabela 13 apresenta os resultados encontrados.

Tabela 13 – Frequência de registros de documentação

Categoria	Presença de registro %
Nome da mãe	94
RG	98
CPF	85
Cartão SUS	84
Certidão de nascimento	84
Plano de saúde particular	11
Seguro de vida	1
Certificado de alistamento militar	4

Fonte: Elaborada pela autora.

A Tabela 13 demonstra que a maior parte dos acolhidos apresenta registros de documentação pessoal. Vale destacar, entretanto, que os documentos ficam sob a guarda da instituição, e não em posse dos sujeitos em acolhimento.

Em relação aos casos com ausência de informações sobre documentação pessoal, não foi possível compreender se esses acolhidos não possuíam a documentação ou se possuíam e essas informações não haviam sido registradas nos prontuários. Apesar disso, consideramos ser relevante a apresentação desses dados, visto que a obtenção ou resgate de documentação pessoal são fundamentais para o exercício da cidadania e para a promoção de autonomia e inclusão social dos acolhidos.

Outro fato observado na pesquisa foi a ocorrência em 11% dos casos de sujeitos conveniados em planos de saúde particulares. Esse dado será posteriormente discutido na etapa 5.1.11 deste estudo.

4.2.3. Distribuição etária

A coleta dos dados referentes à data de nascimento dos sujeitos em acolhimento na instituição possibilitou-nos realizar o cálculo sobre a idade atual dos acolhidos. A Tabela 14 apresenta a distribuição etária dos sujeitos e foi formulada a partir da divisão etária proposta pelo Estatuto da Criança e do Adolescente (ECA) e pelo Instituto Brasileiro de Geografia e Estatística (IBGE).

De acordo com o art. 2º do ECA, considera-se como criança os sujeitos com idade até 12 anos incompletos e como adolescente aqueles com idade entre 12 e 18 anos. O IBGE, por sua vez, classifica como jovem os indivíduos com idade entre 15 e 24 anos.

Assim, para efeito de análise, consideraremos, neste estudo, os seguintes grupos etários: crianças (sujeitos com idade até 11 anos), adolescentes (sujeitos com idade entre 12 e 17 anos), jovens (sujeitos com idade entre 18 e 24 anos), adultos (sujeitos com idade entre 25 e 59 anos) e idosos (sujeitos com 60 anos ou mais).

Tabela 14 – Distribuição etária dos sujeitos acolhidos na instituição

Idades	%
0 a 11	0
12 a 17	5
18 a 24	23
25 a 30	41
31 a 40	23
41 a 50	8
> 51	3
Total	100*

* A soma dos valores individuais é superior a 100% pelo arredondamento.

Fonte: Elaborada pela autora.

De acordo com as informações apresentadas na Tabela 14, podemos observar que, preponderantemente (75% dos casos), os sujeitos acolhidos são adultos, com idade entre 25 e 51 anos. Os jovens, com idade entre 18 e 24 anos, aparecem como segundo grupo etário com maior frequência de ocorrência, encontrados em 23% dos casos submetidos à internação.

Por fim, vale destacar a ocorrência de 5% de sujeitos acolhidos com idade menor de 18 anos. Esse dado evidencia a internação concomitante de adultos e crianças no mesmo espaço institucional, o que, conforme vimos anteriormente, é uma prática recorrente nas instituições de acolhimento para pessoas com deficiência.

Além dessas informações sobre a idade atual dos acolhidos, a pesquisa investigou também a distribuição etária dos sujeitos no momento da internação na instituição. Os dados sobre as idades dos acolhidos no momento da internação foram encontrados por meio do cálculo entre a data de nascimento e a data de internação. A Tabela 15 apresenta as informações encontradas.

Tabela 15 – Distribuição etária dos sujeitos no momento da internação na instituição

Idade	%
0 a 11	5
12 a 17	29
18 a 24	30
25 a 30	20
31 a 40	11
41 a 50	5
Total	100

Fonte: Elaborada pela autora.

De acordo com os dados apresentados na Tabela 15, podemos observar que, preponderantemente (36% dos casos), os sujeitos foram acolhidos na instituição durante a fase adulta. O grupo correspondente aos sujeitos classificados como jovens é o segundo grupo etário com maior frequência de ocorrência, encontrados em 30% dos casos submetidos a internação com idade entre 18 e 24 anos.

A adolescência evidenciou-se como terceiro grupo etário com maior registro de ocorrências, com 29% dos casos de sujeitos internados na instituição com idade entre 12 e 17 anos. Por fim, encontramos a ocorrência de internações de crianças na instituição em 8% dos casos. O sujeito com menor idade no momento da internação, encontrado em nosso estudo, registrou sua entrada na instituição com 9 anos. Não foram encontrados casos de sujeitos idosos submetidos à internação.

Os dados apresentados na Tabela 15, em comparação com a Tabela 14, evidenciam um dado importante: dentre o grupo que compreende 95% dos sujeitos com idade atual maior que 18 anos, apenas 61% deles foram internados na instituição durante a fase adulta.

Ao considerarmos a idade no momento da internação, vemos que 34% dos sujeitos entraram na instituição durante o período da infância ou adolescência. Assim, de acordo com as informações levantadas neste estudo, podemos observar a internação de crianças e adolescentes como uma prática recorrente na instituição pesquisada. Devido à natureza asilar da instituição, esse fato evidencia que, desconsiderando os sujeitos que atualmente têm idade inferior a 18 anos, em 29% dos casos os sujeitos foram submetidos, ainda no período da infância e adolescência, a uma vida de total reclusão e exclusão social, contrariando os direitos assegurados a essa população pelo Estatuto da Criança e do Adolescente.

A fim de compreendermos a amplitude e abrangência da prática de internação de crianças e adolescentes, coletamos informações sobre internações pregressas dos acolhidos.

A pesquisa encontrou dados dessa natureza em 66% dos casos. Registramos, nesses casos, a data da ocorrência da primeira internação em hospitais psiquiátricos ou instituições de acolhimento para pessoas com deficiência.

Em posse desses dados, calculamos a idade dos sujeitos na ocasião de sua primeira internação. A Tabela 16 apresenta as informações encontradas.

A partir das informações apresentadas na Tabela 16, a pesquisa pôde constatar que, dentre a população de acolhidos com registros de internações pregressas, a maioria dos sujeitos (56% dos casos) foi submetida à primeira internação em hospitais psiquiátricos ou instituições de acolhimento para pessoas com deficiência com idade inferior a 18 anos. Vale destacar que encontramos um sujeito submetido à sua primeira internação com 3 anos de idade.

Tabela 16 – Idade dos sujeitos no momento da primeira internação em instituição asilar

Idade	%
0 a 11	26
12 a 17	30
18 a 24	25
25 a 30	15
31 a 40	2
41 a 50	2
Total	100%

Fonte: Elaborada pela autora.

Desse modo, o estudo demonstra que a internação de crianças e adolescentes persiste como prática recorrente que permanece sendo executada em hospitais psiquiátricos e instituições de acolhimento para pessoas com deficiência, mesmo após a promulgação de legislações (Brasil 1990; 2001) que orientam o fim de práticas de asilamento.

O Inquérito Civil 033/17 aponta resultados semelhantes que corroboram a ocorrência de internações de crianças e adolescentes em instituições de acolhimento. De acordo com o documento, a maior parte dos acolhidos nas dezesseis instituições pesquisadas tinha idade inferior a 18 anos no momento da internação. Verificou-se que 56% dos sujeitos foram acolhidos nas instituições durante o período da infância e 16% durante o período da adolescência (São Paulo, 2017).

4.2.4. Município de nascimento

A pesquisa encontrou registros sobre o município de nascimento dos sujeitos em acolhimento na instituição em 87% dos casos que descrevem a ocorrência de 29 municípios.

O município de São Paulo aparece como mais recorrente, registrado em 36% dos casos, seguido pelo município de Santos, registrado em 6% dos casos. Campinas, Guarulhos e Osasco apresentam a mesma frequência de ocorrência, sendo apontados como município de nascimento em 4% dos casos. Bragança Paulista, São José dos Campos e Praia Grande também se igualam em frequência de ocorrência, sendo registrados em 3% dos casos cada.

Além desses, pudemos constatar em 1% dos casos registros dos seguintes municípios: Aparecida, Campo Grande (MS), Carapicuíba, Cotia, Cuiabá (MT), Diadema, Embu das Artes, Ferraz de Vasconcelos, Francisco Morato, Itapetinga(BA), Jaboticabal, Juquitiba, Mauá, Ribeirão Pires, Rio de Janeiro (RJ), Santa Barbara d'Oeste, Santa Isabel, São Caetano do Sul, São Roque, Sumaré e Suzano.

A partir das informações apresentadas, podemos observar a preponderância de municípios paulistas, apontados como local de nascimento dos sujeitos acolhidos na instituição. Entre as 29 cidades encontradas, vimos que 25 pertencem ao Estado de São Paulo e as demais (quatro municípios) pertencem a outros estados, como Bahia, Mato Grosso, Mato Grosso do Sul e Rio de Janeiro.

4.2.5. Município de moradia das famílias

Investigamos, neste estudo, a localização das famílias no momento da realização da pesquisa. Assim, coletamos informações sobre a ocorrência dos municípios onde residem as famílias dos acolhidos na instituição estudada. Encontramos, a partir do levantamento dessas informações, 26 municípios de residência atual das famílias. São estes: Atibaia, Bragança Paulista, Campinas, Campo Grande, Caraguatatuba, Carapicuíba, Cotia, Curitiba, Guarulhos, Hortolândia, Indaiatuba,

Joanópolis, Juquitiba, Monte Mor, Morungaba, Poá, Praia Grande, Ribeirão Pires, Santo André, Santos, São José dos Campos, São Paulo, São Vicente, Taboão da Serra, Taiúva e Várzea Paulista.

Coletamos também informações referentes ao município de moradia das famílias no momento da internação. A comparação entre esses dados nos possibilitou investigar a ocorrência de mobilidade das famílias em decorrência do acolhimento institucional. Para elaboração desta análise, excluímos os casos de destituição do poder familiar e encontramos a seguinte distribuição: 93% das famílias permaneceram residindo no município de origem, enquanto 7% mudaram de município de moradia após a internação.

Entre o grupo de famílias que mudaram de município após a internação, investigamos a distância do município de origem e o de moradia atual em relação ao município onde a entidade estudada está localizada. A análise dessas informações tem como finalidade averiguar se as famílias que se mudaram aproximaram-se ou não da instituição de acolhimento.

Após o exame dos dados, pudemos observar que, entre as famílias que mudaram seu local de moradia após a internação, 60% passaram a residir mais próximas à instituição. Vale destacar, entretanto, que nesse grupo encontramos a ocorrência de apenas uma família que transferiu sua moradia para o município de localidade da instituição.

Ao analisarmos o deslocamento do grupo de famílias que, após a internação, passaram a residir mais distantes da instituição, pudemos averiguar que, em média, essas famílias afastaram-se aproximadamente 35 km do município onde a instituição está localizada.

Para a interpretação desses dados, todavia, deve-se considerar a mudança do local de moradia como um fator multideterminado que envolve aspectos sociais, culturais e econômicos. Assim, não nos cabe fazer qualquer afirmação sobre o desejo das famílias em residirem próximas aos acolhidos. O que gostaríamos de destacar, a partir de nosso levantamento de informações, é a evidência de que a população de acolhidos compreende sujeitos originários de diferentes municípios e que 96% de suas famílias permanecem residindo em seus municípios de origem ou mudaram para municípios mais distantes. Ademais, encontramos 3% de famílias residentes em municípios pertencentes aos Estados de Mato Grosso do Sul e Paraná e 1% que reside fora do país.

A fim de dimensionar o deslocamento das famílias, calculamos a distância entre os 23 municípios pertencentes ao Estado de São Paulo e o município onde está localizada a instituição pesquisada. A partir do exame sobre esses dados, encontramos a distribuição apresentada na Tabela 17.

Tabela 17 – Distância entre a instituição e o município de moradia dos familiares

Distância	% de municípios
Até 50 km	9
Entre 50 km e 100 km	65
Entre 100 km e 200 km	22
Maior que 200 km	4
Total	100

Fonte: Elaborada pela autora.

Podemos observar que, com exceção de 4% das famílias que residem no mesmo município onde a instituição está situada, os demais familiares precisam percorrer um significativo deslocamento para acessar a entidade e visitar ou buscar os acolhidos para saídas temporárias.

Destacamos aqui a relevância dessa informação, pois as diretrizes nacionais de assistência, regulamentadas pelo Sistema Único de Saúde (SUS) e pelo Sistema Único de Assistência Social (SUAS) preconizam a territorialização como estratégia fundamental para a organização dos serviços e desenvolvimento de ações e práticas de cuidado.

Além desse fato, cabe-nos sublinhar que a distância, evidenciada neste estudo, entre os sujeitos submetidos ao acolhimento institucional de longa duração e suas famílias configura um fator importante, pois favorece o rompimento de vínculos sociais e familiares.

A fim de investigar esse aspecto, levantamos informações sobre a frequência de presença das famílias na instituição estudada.

4.2.6. Frequência de visitas dos acolhidos

A pesquisa levantou informações referentes ao número de visitas recebidas pelos acolhidos na instituição e também sobre a quantidade de saídas da instituição realizadas pelos acolhidos em companhia de amigos ou familiares, durante o ano de 2018.

Os dados obtidos evidenciaram variação de ocorrência dessas práticas entre a população total de acolhidos. A Tabela 18 apresenta os dados coletados sobre a ocorrência de visitas em 2018.

Para a comparação dos dados, foram estabelecidas cinco categorias com base na ocorrência de visitas. O intervalo entre uma e seis ocorrências foi classificado como *visita semestral/bimestral*; sete a doze ocorrências representam a visita mensal; 13 a 24, visita quinzenal; 25 a 36 ocorrências estão classificadas como três visitas por mês, e a visita semanal abarca o intervalo entre 37 e 46 ocorrências.

Tabela 18 - Total de ocorrências de visitas em 2018

Total de ocorrências de visitas em 2018	Frequência de acolhidos %
0	20
de 1 a 6 (semestral/bimestral)	33
de 7 a 12 (mensal)	19
de 13 a 24 (quinzenal)	19
de 25 a 36 (3 por mês)	6
de 37 a 46 (semanal)	4
Total	100*

* A soma dos valores individuais é superior a 100% pelo arredondamento.

Fonte: Elaborada pela autora.

A partir da análise dessas informações, pudemos observar que, no período estudado, o caso que apresentou a maior frequência evidenciou 46 ocorrências de visitas. Vemos, também, que não foram encontradas ocorrências de visitas em 20% dos casos.

Ao examinarmos exclusivamente os casos com ocorrência de visitas, vemos no período estudado uma distribuição desigual dos casos nas categorias de análise. Pudemos averiguar que a categoria *visita semestral/bimestral* foi a mais recorrente, evidenciada em aproximadamente 33% dos casos. As categorias *três visitas por mês* e *visita semanal*, por sua vez, representam juntas, 10% do total de casos. Assim, percebe-se que as visitas descontinuadas predominam sobre o contato semanal das famílias com os acolhidos na instituição estudada.

O Inquérito Civil 033/17 aponta resultados semelhantes e salienta que, nas dezesseis instituições pesquisadas, a ocorrência de visitas trimestrais, semestrais ou esporádicas foi registrada em 21,6% dos casos, enquanto a visita semanal ou quinzenal evidenciou-se em apenas 5,2% dos casos. Vale destacar ainda que o referido estudo aponta para a ocorrência de 42,9% de sujeitos sem nenhum registro de visita (São Paulo, 2017). Assim, pode-se observar que a descontinuidade de visitas também foi constatada em outras instituições de acolhimento para pessoas com deficiência.

A coleta de informações sobre as saídas dos acolhidos da instituição em companhia de amigos ou familiares evidenciou maior variação de distribuição em relação à ocorrência de visitas. A Tabela 19 apresenta os dados coletados sobre a ocorrência de saídas em 2018.

Tabela 19 – Total de ocorrências de saídas em 2018

Total de ocorrências de saídas em 2018	Frequência de acolhidos %
0	70
de 1 a 6 (semestral/bimestral)	25
de 7 a 12 (mensal)	1
de 13 a 24 (quinzenal)	0
de 25 a 36 (3 por mês)	4
de 37 a 46 (semanal)	0
Total	**100**

Fonte: Elaborada pela autora.

Conforme exposto na Tabela 19, os casos com ausência de registros de saída representam 70% da população total. Esse dado aponta para a preponderância na instituição de acolhidos que não realizam saídas acompanhados de amigos ou familiares. Ao examinarmos exclusivamente o grupo de acolhidos que realiza saída da instituição, vimos que a categoria saída semestral/bimestral aparece com maior frequência em aproximadamente 83% dos casos.

Por fim, ao compararmos o número total de visitas e saídas registradas no ano de 2018, pudemos constatar que a prática da visita institucional ocorre com maior incidência. Encontramos a proporção de cinco vezes mais visitas do que saídas. Além de apresentar menor número de ocorrências, as saídas apresentam, em relação às visitas, maior intervalo em sua frequência, demonstrando ocorrer de forma esporádica. O número de meses sem visitas, em média, é de 6.7, contra 10.8 meses sem saídas, ou seja: para a maioria dos acolhidos, há somente uma ou duas saídas por ano.

Pode-se concluir que as famílias, após a internação, optam pelo contato com os acolhidos por meio de realização de visitas institucionais, em detrimento de saídas para passeios ou eventos familiares.

Além dos dados apresentados referentes ao ano de 2018, a pesquisa coletou informações sobre o número total de ocorrências de visitas de familiares aos acolhidos nos anos de 2016 e 2017. A coleta desses dados foi realizada a fim de possibilitar observações sobre a operacionalidade da ocorrência de visitas.

Assim, comparamos o dado sobre o número total de visitas registradas em três anos consecutivos: 2016, 2017 e 2018. A análise dessas informações apontou para um fenômeno relevante: a queda no número total de ocorrência de visitas durante o período analisado. Pudemos observar a redução do número de visitas, indo de 12.6 visitas por acolhido em 2016 para 9.8 por acolhido em 2018 (uma queda de 22%). Esse fato, evidenciado pela pesquisa, permite-nos apontar que a prática do acolhimento institucional de longa permanência contribui para o prejuízo e rompimento de relações e vínculos afetivos que, por sua vez, representam a principal causa de abandono institucional.

4.2.7. Nível de escolaridade e alfabetização

O estudo investigou dados sobre o tipo de instituição de ensino (escola regular/especializada), tempo de permanência em estabelecimentos de ensino e nível de alfabetização dos acolhidos.

Em relação ao nível de alfabetização, verificamos que 93% dos sujeitos acolhidos não são alfabetizados e, em contrapartida, 7% estão alfabetizados.

O recolhimento de informações sobre a frequência e o tipo de instituição de ensino acessada pelos acolhidos antes da internação evidenciou a seguinte distribuição, apresentada na Tabela 20:

Tabela 20 – Frequência dos acolhidos por tipo de estabelecimento de ensino

Tipos de estabelecimento	Acolhidos %
Escola regular	12
Escola especializada	29
Escola regular e escola especializada	1
Tipo de escola não especificado	4
Pré-escola (exclusivamente)	6
Pré-escola e escola especializada	6
Nunca frequentou nenhuma instituição de ensino	15
Sem informação sobre escolaridade	27
Total	**100**

Fonte: Elaborada pela autora.

Além dessas informações, a pesquisa coletou dados sobre o tempo de permanência dos acolhidos em instituições de ensino antes do momento da internação na instituição. Tais informações, entretanto, foram encontradas em apenas 25% dos prontuários analisados. Apresentaremos, portanto, dados relativos a essa amostra de acolhidos na Tabela 21.

Tabela 21 – Tempo médio de permanência dos acolhidos por tipo de estabelecimento de ensino

Tipos de estabelecimento	Tempo médio de permanência
Escola especializada	9.0
Escola regular	5.0
Pré-escola (exclusivamente)	3.3

Fonte: Elaborada pela autora.

Os dados apresentados na Tabela 20 e na Tabela 21 fornecem informações relevantes acerca do percurso dos acolhidos em instituições no campo da educação e da relação destas com a instituição de acolhimento. Primeiramente, pudemos constatar a escassez de registros dos prontuários sobre o histórico escolar dos acolhidos. Em 27% dos casos não foi possível localizar nenhuma informação referente a este campo. Nos demais prontuários, encontramos dados referentes ao tipo de estabelecimento de ensino, tempo de permanência e, em alguns casos, dados sobre motivo do desligamento ou evasão escolar. Observa-se, entretanto, que os prontuários que continham informações sobre o histórico escolar dos acolhidos apresentavam esses dados de maneira superficial, sem descrições ou qualquer registro qualitativo.

O tipo de estabelecimento em educação com maior frequência de ocorrência evidenciado em nosso estudo foi a escola especializada. Pudemos constatar que 29% dos acolhidos frequentaram exclusivamente instituições dessa natureza, com tempo médio de permanência de nove anos. Além desses, encontramos ainda, em 6% dos casos, sujeitos com registros de frequência em escola regular durante o período da educação infantil e posterior encaminhamento a serviços de educação especial. Somados esses dois grupos, verificamos em nossa amostra a ocorrência de 35% de sujeitos acolhidos que receberam assistência em educação em escola especial.

Em segundo lugar, pudemos observar a ocorrência de 12% de acolhidos que frequentaram estabelecimentos regulares de ensino. Observa-se, entretanto, uma redução significativa em relação ao tempo de permanência desses sujeitos no ambiente escolar. Em média, os sujeitos acolhidos que cursaram o ensino regular permaneceram por apenas cinco anos nas instituições de ensino e, destes, apenas aproximadamente 1% concluiu o ensino fundamental. Nenhum dos sujeitos concluiu o ensino médio.

Além disso, encontramos em 6% dos casos sujeitos que haviam frequentado estabelecimentos de ensino apenas durante o período da educação infantil e, nessas ocorrências, o tempo médio de permanência dos acolhidos em creches ou pré-escolas foi de 3,3 anos.

O estudo evidenciou também a ocorrência em 15% dos casos de sujeitos que não haviam frequentado, em nenhuma etapa da vida, serviços da rede de educação. Não foi possível localizar, em 4% dos prontuários, informações sobre o tipo de estabelecimento de ensino cursado pelo acolhido.

A partir das informações apresentadas, pode-se reconhecer que a população de acolhidos na instituição pesquisada esteve apartada do acesso à educação. Dessa forma, o percurso institucional dos sujeitos é marcado pela desassistência e exclusão do sistema educacional. Além disso, a frequência em escola especial demonstrou-se superior ao ensino regular.

Para compreendermos os dados evidenciados em nosso estudo, faz-se necessário tecermos observações sobre a historicidade do campo da educação no Brasil. Podemos observar que, no contexto brasileiro, a assistência destinada à pessoa com deficiência no campo da educação estruturou-se de forma apartada e distinta ao ensino regular. De acordo com Kassar (2011, p. 62), "esta separação materializou-se na existência de um sistema paralelo de ensino, de modo que o atendimento de alunos com deficiência ocorreu de modo incisivo em locais separados dos outros alunos".

Sob o pressuposto da necessidade de identificação e tratamento de crianças "anormais" fomentado pelo discurso médico estatal na primeira metade do século XX, observou-se no Brasil a exclusão de crianças tidas como "anormais" do contexto escolar e seu encaminhamento para tratamento e assistência educacional em instituições consideradas especializadas. Vale ressaltar que, em sua maioria, as instituições especializadas estruturaram-se dentro do campo da filantropia e das associações privadas geridas por familiares de pessoas com deficiência. Esse fato não favoreceu o estabelecimento de interlocução com a educação regular, constituindo a educação especial como um campo específico de atuação.

A ação de movimentos sociais em prol da garantia dos direitos humanos teve um papel relevante na mudança de perspectiva do campo da educação que paulatinamente substitui a lógica da educação especial pela perspectiva da educação inclusiva. A partir da promulgação da Constituição Federal de 1988, vemos, durante a década de 1990, surgirem marcos históricos e legais importantes para a reorientação do modelo educacional, como a Declaração de Salamanca e a publicação da Política Nacional de Educação Especial, ambas em 1994, e a publicação das Diretrizes e Bases da Educação Nacional em 1996.

Desde então, pudemos observar a determinação de Decretos Federais e Resoluções do Conselho Nacional de Educação que corroboraram a mudança do modelo educacional brasileiro em direção à garantia de educação de qualidade para todos. Dentre estes, destacam-se:

- Plano Nacional de Educação – 2001;
- Programa Educação Inclusiva: direito à Diversidade – 2003;
- Convenção sobre os Direitos das Pessoas com Deficiência – 2006;
- Plano Nacional de Educação em Direitos Humanos – 2006;
- Plano de Desenvolvimento da Educação – 2007;
- Política Nacional de Educação Especial na Perspectiva da Educação Inclusiva – 2008;
- Plano Nacional dos Direitos da Pessoa com Deficiência – Viver sem Limite – 2011;
- Política Nacional de Proteção dos Direitos da Pessoa com Transtorno do Espectro Autista – 2012;
- Lei Brasileira de Inclusão da Pessoa com Deficiência (LBI) em 2015.

Assim, a legislação brasileira em educação estrutura-se a fim de garantir a efetivação de um sistema educacional inclusivo em todos os níveis, etapas e modalidades, fundamentada pelo pressuposto do acesso à educação como um direito garantido às crianças e adolescentes pelo ECA.

Os dados evidenciados na presente pesquisa, entretanto, apontam para a desassistência no campo da educação e a falta de acesso dos sujeitos acolhidos aos seus equipamentos. Conforme exposto, os sujeitos estudados apresentaram baixo nível de escolaridade, com períodos curtos de permanência escolar.

Além disso, evidenciou-se a falta de acesso e dificuldade de permanência da população estudada em escolas regulares. O atendimento em escolas especiais demonstrou-se dominante e mais abrangente. Observou-se que os sujeitos com maior período de presença escolar frequentavam a educação especial. O tempo médio de permanência em escolas especiais foi de 9 anos e, em escolas regulares, de cinco anos.

Isso posto, o presente estudo demonstra que a população de acolhidos na instituição esteve alijada de seu direito à educação durante a vida pregressa ao acolhimento institucional. Esse dado aponta para o acesso à educação como ação fundamental para evitar novos processos de institucionalização.

A pesquisa revela a necessidade de os serviços que compõem a rede de proteção e assistência à infância traçarem estratégias de atenção que visem responder à história de exclusão escolar inculcada às "crianças anormais". Para tanto, faz-se necessária a criação de práticas intersetoriais que visem à garantia do direito à educação.

De acordo com Silva e Carvalho (2017, p. 294), a educação deve ser compreendida como "necessidade primária para o cumprimento da cidadania e acesso aos direitos sociais, econômicos, civis e políticos". Dessa forma, torna-se fundamental que o campo acadêmico e a rede de proteção e assistência à infância contribuam para a efetivação da educação inclusiva, já que a mudança do modelo educacional depende de reestruturações de normas e paradigmas acerca da loucura, da deficiência e da educação.

A educação inclusiva propõe as concepções de direitos humanos, diversidade e equidade como diretrizes do sistema educacional, que assume a responsabilidade de garantir o acesso e a participação de todos.

4.2.8. Diagnóstico

A Tabela 22 apresenta a frequência de diagnósticos atribuídos à população de acolhidos, categorizados a partir da normativa estabelecida pela Classificação Estatística Internacional de Doenças e Problemas Relacionados com a Saúde (CID 10). Vale ressaltar que aproximadamente 69% dos acolhidos têm apenas um diagnóstico a eles atribuído. Os demais, que representam 31% dos acolhidos, apresentam entre dois e quatro diagnósticos.

Tabela 22 – Diagnósticos dos sujeitos acolhidos

Diagnóstico	%
F 84	70
F 72	7
F 79	7
F 70	4
F 20	3
F 80	2
F 73	2
F 71	2
F 31	1
F 06.8	1
F 29	1
F 95.2	1
F 42	1
Total	100*

* A soma dos valores individuais é superior a 100% pelo arredondamento.

Fonte: Elaborada pela autora.

Conforme exposto na Tabela 22, pudemos averiguar a seguinte distribuição de ocorrências de diagnósticos: os Transtornos do Desenvolvimento Psicológico (F80-F89) aparecem em 72% dos casos. Predominantemente, vemos que, nesse grupo, o diagnóstico referente aos Transtornos Globais do Desenvolvimento (F84)[25] revela-se como o mais recorrente na instituição, apresentando-se em 70% dos casos.

O grupo de diagnósticos que compõem o Retardo Mental (F70-F79) aparece em segundo lugar, ocorrendo em 22% dos casos. Nesse grupo encontramos, como mais recorrentes, o Retardo Mental Grave (F72) em 7% dos casos e o Retardo Mental Não Especificado (F79), também em 7% dos casos.

Em terceiro lugar encontramos os diagnósticos pertencentes ao grupo Esquizofrenia, Transtornos Esquizotípicos e Transtornos Delirantes (F20-F29) em 4% dos casos. Dentre estes, o diagnóstico Esquizofrenia (F20) é o mais recorrente, presente em 3% dos casos.

Além desses, encontramos em 1% dos casos a ocorrência de Transtorno Afetivo Bipolar (F31), Transtorno Obsessivo-Compulsivo (F42), Tiques Vocais e Motores Múltiplos Combinados – doença de Gilles de la Tourette (F95.2) – e outros transtornos mentais especificados devidos a uma lesão e disfunção cerebral e a uma doença física (F06.8).

4.2.9. Síndromes e doenças associadas

Além dos diagnósticos psiquiátricos, investigamos também a ocorrência de outras síndromes e doenças associadas e pudemos constatar que 53% dos acolhidos têm a eles atribuído apenas o diagnóstico psiquiátrico, enquanto 47% apresentam também diagnósticos de outras doenças associadas.

---

25. A nova Classificação Estatística Internacional de Doenças e Problemas Relacionados à Saúde (CID-11), assim como a última versão do Manual de Diagnóstico e Estatística dos Transtornos Mentais (DSM-5), reorientam a classificação dos diagnósticos de Transtornos Globais do Desenvolvimento, que passam a ser descritos e categorizados como Transtorno do Espectro do Autismo (TEA).

Para analisarmos a ocorrência de doenças associadas, utilizamo-nos da normativa de caracterização de doenças estabelecidas pela CID 10 e encontramos a seguinte distribuição de ocorrências:

- O grupo das doenças do sistema nervoso (G00-G99) evidenciou-se como mais recorrente em nossa amostra, sendo encontrado em 25% dos casos. A epilepsia prepondera nesse grupo, com a ocorrência de 17%.
- As doenças endócrinas, nutricionais e metabólicas (E00-E90) aparecem em segundo lugar em número de ocorrências, estando presentes em 20% dos casos, incluindo aqueles registrados como "pré-diabetes" e "pré-obesidade". Nesse grupo, vemos a obesidade como mais recorrente (8%), seguida de diabetes mellitus, presente em 6% dos casos.
- O terceiro grupo de doenças com maior ocorrência de casos compreende as malformações congênitas, deformidades e anomalias cromossômicas (Q00-Q99). Encontramos registros desse grupo em 14% dos casos, com a preponderância de deformidade congênita do pé em 8% dos casos analisados.
- O grupo de doenças do aparelho circulatório (I00-I99) aparece em quarto lugar em frequência de ocorrência. Nesse grupo encontramos apenas a incidência de doenças hipertensivas, presentes em 9% dos casos.
- Em quinto lugar, com maior número de ocorrências, encontramos, com igual distribuição de frequência, três grupos distintos: as doenças do olho e anexos (H00-H59), as doenças do aparelho digestivo (K00-K93) e as doenças do aparelho respiratório (J00-J99). Pudemos observar a incidência de cada um desses grupos em 6% dos casos.

- Os grupos de doenças que apresentaram a menor frequência de ocorrência nos casos analisados foram: o grupo das doenças infecciosas e parasitárias (A00-B99), evidenciado pelo registro de ocorrência de hepatite em 2% dos casos; o grupo das doenças do ouvido e da apófise mastoide (H60-H95), evidenciado pelo registro de ocorrência de perda de audição ou surdez em 4% dos casos; o grupo das doenças do sistema osteomuscular e do tecido conjuntivo (M00-M99), também recorrente em 4% dos casos; por fim, o grupo composto por sintomas, sinais e achados anormais de exames clínicos e de laboratório, não classificados em outra parte (R00-R99), evidenciados pela ocorrência de convulsões não classificadas e equimose em 4% dos casos.
- Além disso, encontramos ainda, em 2% dos casos, a ocorrência de dermatofibromas.

A partir do exposto, podemos observar que, entre os indivíduos que apresentam comorbidades, a ocorrência de epilepsia/convulsões e autismo, simultaneamente, demonstrou ser preponderante em nossa amostra, percebida em 19% dos casos.

O documento publicado pelo governo do Estado de São Paulo também aponta para a correlação dessas doenças e descreve a incidência entre 20 a 25% de sujeitos diagnosticados com autismo que apresentam epilepsia associada ao quadro (São Paulo, 2013).

Além disso, o documento destaca outras condições de saúde que são frequentemente associadas ao autismo, como: Síndrome do X Frágil, Esclerose Tuberosa, Encefalopatia Neonatal/Encefalopatia Epiléptica/ Espasmo Infantil, Paralisia Cerebral, Síndrome de Down, Distrofia Muscular e Neurofibromatose (São Paulo, 2013). A pesquisa encontrou 7% de casos com essas comorbidades.

Ademais, vimos em nosso estudo que 20% dos sujeitos apresentaram doenças endócrinas, nutricionais e metabólicas como diabetes mellitus, obesidade e alto índice de colesterol. Esse dado parece-nos relevante e pode servir como pista para a realização de novos estudos sobre a comorbidade entre o autismo e as doenças endócrinas, nutricionais e metabólicas em sujeitos que vivem ou não a condição de acolhimento institucional.

4.2.10. Necessidades específicas em saúde

A fim de apreender informações sobre o nível de gravidade das doenças e síndromes associadas e o grau de comprometimento clínico dos acolhidos, coletamos dados referentes ao uso prolongado ou perene de equipamentos e procedimentos de cuidado em saúde.

A coleta dos dados evidenciou a necessidade de realização de procedimentos individuais em relação à alimentação dos acolhidos. Vimos que a instituição desenvolve estratégias de alimentação e dietas específicas para cada um dos casos de acordo com suas necessidades. O levantamento de informações sobre a dieta evidenciou, em números aproximados, que 39% dos casos recebem dieta hipocalórica, 1% dos casos apresenta intolerância à lactose, 4% dos casos demandam que a dieta seja batida, pois só aceita alimentação pastosa, 19% necessitam de suplemento vitamínico, pois apresenta baixo peso, e 4% recebem dieta hipoglicídica.

Constatamos, também, que a instituição se utiliza de diferentes estratégias de alimentação para atender às necessidades dos acolhidos. Alguns têm autonomia para alimentar-se sozinhos, enquanto outros necessitam de acompanhamento para desenvolver essa atividade.

Observamos, igualmente, alguns casos nos quais a comida é oferecida em canecas.

Ademais, pudemos observar que a disposição da comida no prato e a temperatura em que esta é servida também diferem entre os casos devido à seletividade alimentar de alguns dos acolhidos. Além das necessidades alimentares específicas, encontramos outras demandas de cuidados em saúde, apresentadas na Tabela 23.

Tabela 23 – Necessidades específicas de cuidado em saúde

Procedimentos realizados	%
Aferição frequente de pressão arterial devido a doenças hipertensivas	6
Aferição frequente de índice glicêmico devido a diabetes mellitus	4
Uso regular de insulina injetável devido a diabetes mellitus	4
Necessidade de uso regular de cadeira de rodas	1
Necessidade de uso regular de órtese nos pés	1
Necessidade de uso regular de meias elásticas devido a doenças do aparelho circulatório	1
Uso de fraldas	4
Total	**21**

Fonte: Elaborada pela autora.

As informações apresentadas apontam que majoritariamente os sujeitos acolhidos prescindem do uso prolongado ou perene de equipamentos de saúde. A assistência em relação à saúde física dos acolhidos compreende condutas como acompanhamento de sinais vitais, administração de medicação e acompanhamento na realização das atividades da vida diária (AVD).

4.2.11. Atendimentos em outros equipamentos e serviços

A pesquisa coletou informações sobre ações e atendimentos realizados pelos acolhidos em outros equipamentos da rede pública de assistência, incluindo as áreas da saúde, assistência social, educação, lazer e serviços de proteção de direitos da criança e do adolescente. Além disso, registramos também a ocorrência de atendimentos realizados em serviços pertencentes à rede particular de saúde. Os dados apreendidos serão apresentados por área de atuação.

4.2.11.1. Serviço de proteção dos direitos da criança e do adolescente – Conselhos Tutelares

Encontramos nos documentos de entrada na instituição a referência de atuação do Conselho Tutelar (CT) em 3% dos casos, nos quais esse órgão corroborava a necessidade de internação. Sobre a anuência do conselho tutelar com a internação, vale destacar uma ocorrência observada em um caso específico.

Pudemos observar no caso de Manuel[26] que, diante da solicitação de acolhimento, a instituição pesquisada emitiu um ofício declarando-se contrária à internação devido ao fato de Manuel ter menos de 18 anos. Chama-nos a atenção que o CT, responsável pelo caso, desconhecia o posicionamento da instituição e, junto a outros órgãos do município onde Manuel residia, recorreu a medidas judiciais para efetivar o acolhimento.

Ademais, a partir da análise das informações apreendidas pudemos constatar que, após a internação na instituição, não há qualquer registro de intervenção de Conselhos Tutelares junto à população de

---
26. Nome fictício.

sujeitos acolhidos com idade inferior a 18 anos. Assim, a atuação dos CTs restringe-se ao encaminhamento para a internação na instituição.

O Inquérito Civil 033/17 apresenta resultados semelhantes no tocante à interlocução do CT com as instituições que atendem exclusivamente pessoas com deficiência em regime de acolhimento de longa permanência. O processo, que investigou dezesseis instituições dessa natureza no município de São Paulo, destaca que 25% mencionam possuir relação com os CTs; entretanto, em 18,75% dos casos a atuação do CT restringiu-se apenas à ocasião de solicitação de acolhimento (São Paulo, 2017).

Os dados apresentados em nosso estudo, somados às informações publicadas pelo Inquérito Civil, apontam para a inexpressiva articulação dos CTs com instituições de acolhimento para pessoas com deficiência, apesar de essas entidades atenderem também a população de crianças e adolescentes.

Dessa maneira, vale destacar a importância de fomentar discussões e práticas que visem ao fortalecimento da atuação dos conselhos tutelares junto a essas instituições. Afirmamos aqui a necessidade de intervenção dos conselhos tutelares que, como serviço de proteção dos direitos da criança e do adolescente, devem atuar em parceria com as instituições de acolhimento a fim de promover a manutenção de vínculos sociais e familiares e, além disso, garantir a inserção das crianças e adolescentes em situação de acolhimento nos serviços territoriais das redes de atenção em saúde, assistência social, educação e lazer.

4.2.11.2. Assistência social

Pudemos observar em 25% dos prontuários analisados a ocorrência de registros de atendimentos dos sujeitos acolhidos e suas famílias em serviços que compõem a Rede Socioassistencial – rede SUAS. Apresentaremos a seguir dados relativos a atendimentos prestados em períodos anteriores ao acolhimento na instituição pesquisada.

Encontramos em nossa amostra menção aos seguintes serviços: Centro de Referência de Assistência Social (CRAS), Centro de Referência Especializado de Assistência Social (CREAS), Núcleo de Apoio à Inclusão Social para Pessoas com Deficiência (NAISPD), Residência Inclusiva e Serviços de Acolhimento Institucional para Crianças e Adolescentes (SAICA).

O equipamento com maior frequência de ocorrência encontrado foi o SAICA. Pudemos reconhecer em nossa amostra que 14% dos acolhidos residiam em instituições dessa natureza e foram encaminhados para a internação na instituição pesquisada antes de completarem 18 anos.

A ocorrência de casos de crianças e adolescentes que se encontravam em situação de acolhimento em SAICAs e foram encaminhados para instituições de acolhimento exclusivo a pessoas com deficiência nos parece um fenômeno relevante e, como vimos, também evidenciada em outros estudos (Almeida, 2012; Paula, 2008).

O CREAS aparece como segundo serviço de assistência mais frequente no histórico de assistência à população estudada. Foram encontrados registros de atendimentos realizados por esses equipamentos em 5% dos casos analisados. Vale ressaltar entretanto que, entre estes, encontramos, na documentação de admissão na instituição, relatórios de órgãos municipais de assistência social que qualificam como ineficiente a atuação do CREAS e solicitam aos serviços o aprimoramento de ações de assistência a essas famílias.

A atuação do CRAS junto aos acolhidos e suas famílias pode ser encontrada em 3% dos casos. Com a mesma incidência de frequência, observamos registros de atendimento em Residência Inclusiva. Nessas ocasiões, os sujeitos residiam em RIs antes do encaminhamento para a instituição pesquisada.

Por fim, em relação ao NAISPD, pudemos observar registros em apenas aproximadamente 1% dos casos que descreviam assistência aos acolhidos em serviços dessa natureza.

Isso posto, podemos observar ser escassa a atuação de serviços da rede socioassistencial no percurso institucional vivenciado pelos acolhidos antes do momento da internação. Esse dado parece-nos relevante, pois possibilita levantar a hipótese de que a desassistência da rede de serviços socioassistenciais possa, entre outros fatores, contribuir para a ocorrência de acolhimentos na instituição estudada.

Outro dado importante constatado pelo estudo revela que em apenas aproximadamente 1% dos prontuários analisados foram encontrados registros de atendimentos e intervenções de serviços da rede socioassistencial realizados posteriormente ao momento da internação. Assim, torna-se evidente a falta de articulação e compartilhamento de ações entre os serviços de atenção em assistência social e a instituição pesquisada.

4.2.11.3. Educação

As informações sobre o percurso institucional dos acolhidos, dentro do campo da educação, foram previamente apresentadas no item 5.2.7 do presente estudo e demonstram a falta de acesso à educação por parte dos acolhidos.

Da mesma forma, a pesquisa coletou informações sobre o acesso dos acolhidos a equipamentos pertencentes à área da educação depois da internação na instituição. A análise dos dados coletados nos prontuários evidenciou que, durante o ano de 2018, apenas 2% dos acolhidos executaram atividades de formação de curta duração em serviços externos à instituição.

Além disso, outro dado relevante evidenciado pelo estudo aponta que nenhum dos acolhidos internados na instituição com idade menor de 18 anos frequentou a escola após a internação. Assim, a internação na instituição impõe a impossibilidade de acesso a equipamentos e programas educacionais, visto que não há interlocução ou compartilhamento de ações entre as instituições e serviços do campo da educação. Dito isso, torna-se relevante destacar que, no caso das crianças e adolescentes, o acolhimento na instituição pesquisada tem como efeito a violação do direito ao acesso à educação garantido pelo ECA.

Os dados do Inquérito Civil 033/17 apontam resultados semelhantes ao nosso estudo na medida em que evidenciam, também, a desarticulação das instituições de acolhimento para pessoas com deficiência com serviços do campo da educação. Segundo o estudo, das dezesseis instituições pesquisadas, 62,5% apontaram não ter relação com serviços da educação (São Paulo, 2017). Além disso, o estudo evidencia que, tal qual observamos em nossa pesquisa, a população de crianças e adolescentes institucionalizados "ainda encontra-se afastada da possibilidade de ter suas necessidades educacionais atendidas" (São Paulo, 2017, p. 86).

Vale ainda observar que a ausência de interlocução e compartilhamento de ações entre as instituições de acolhimento e os serviços da educação, além de resultar numa violação de direitos da população de crianças e adolescentes acolhidos, tem como consequência prejuízo ao desenvolvimento de habilidades e potencialidades dessa população e o agravamento da situação de exclusão social. Sobre esse aspecto, o Inquérito Civil 033/17 destaca que:

> A ausência de atendimento neste campo conversa diretamente com o quadro percebido nos serviços visitados: entradas de crianças em tenra idade, que desde cedo são retiradas dos espaços característicos de circulação social (como as creches e as escolas), e longa permanência dos sujeitos nestes serviços, o que dificulta qualquer tentativa de inserção por esta acontecer de forma muito tardia. (São Paulo, 2017, p. 86)

Dito isso, ressalta-se ser fundamental e urgente a construção de práticas e ações que visem à efetivação da educação inclusiva. Observamos em nosso estudo que a população de acolhidos na instituição estudada teve seu acesso à educação negado durante o período pregresso ao acolhimento. Além disso, vimos que a internação tampouco significou qualquer mudança nesse cenário, devido ao caráter asilar da instituição e à falta de articulação com o campo da educação.

4.2.11.4. Saúde

A área da saúde evidenciou-se, em nosso estudo, como o campo sobre o qual a instituição estudada estabelece maior relação de parceria. Encontramos, durante o período do ano de 2018, registros de atendimentos nos seguintes serviços de saúde: Unidade de Urgência e Emergência, Hospital Geral, Unidade ambulatorial de atendimento odontológico, Ambulatório Médico de Especialidades e Unidades Básicas de Saúde.

O estudo revela que durante o ano de 2018 o atendimento em Unidades de Urgência e Emergência ocorreu, na maioria dos casos, em decorrência de quadros de fraturas, lesões, edemas e aparecimento de hematomas, observados em 16% dos casos. De acordo com os documentos analisados, as principais causas desses comprometimentos clínicos são episódios de quedas, episódios de agressividade e ingestão imprópria de objetos.

Os registros apontam que o atendimento em Hospital Geral foi realizado em situações de necessidade de intervenção cirúrgica. Encontramos ocorrências de cirurgias gastrointestinais em apenas aproximadamente 4% dos casos analisados.

Em relação às Unidades Básicas de Saúde (UBS), pudemos constatar que, nesses serviços, o atendimento aos acolhidos restringe-se ao acompanhamento ambulatorial em especialidades médicas. Em 20% dos casos, a ocorrência de consultas ambulatoriais foi distribuída entre as seguintes especialidades: ortopedia, neurologia, angiologia, gastroenterologia e endocrinologia.

Além disso, o levantamento das informações evidenciou que 11% dos sujeitos acolhidos possuem plano de saúde particular. Vemos no entanto que, de acordo com Silva e Costa (2011, p. 4654), o setor de saúde suplementar tem dificuldade em atender as demandas e "lidar com o conjunto de problemas associados aos transtornos mentais", uma vez que opera dentro de um regime ambulatorial de assistência que, muitas vezes, impõe limitações no número de consultas em procedimentos ou por especialidade. Em decorrência disso, ainda segundo os autores, os planos de saúde apresentam alta taxa de encaminhamento à internação psiquiátrica.

Isso posto, a área da saúde evidenciou ser o campo com maior articulação de ações com a instituição estudada. Vemos, entretanto, que a assistência em saúde se restringe ao atendimento ambulatorial em especialidades médicas, decorrentes de demandas relacionadas à saúde física dos acolhidos. A presente pesquisa não encontrou registros de assistência em serviços territoriais voltados ao atendimento em saúde mental e deficiência – tais como os Centros Especializados em Reabilitação (CER) e os Centros de Atenção Psicossocial (CAPS) – após a internação na instituição.

Podemos afirmar que a interlocução da instituição estudada com os equipamentos da rede de saúde restringe-se ao tratamento médico de quadros clínicos, isto é, as informações coletadas na pesquisa evidenciam a ausência de compartilhamento de ações e práticas de cuidado com serviços substitutivos do território voltados à inclusão social. O Inquérito Civil 033/17 também aponta para a falta de articulação entre esses serviços e as instituições de acolhimento para pessoas com deficiência (São Paulo, 2017).

Esse dado demonstra-se relevante por evidenciar um aspecto crucial da operacionalização do cuidado em saúde para a população de acolhidos nessas instituições: a carência de compartilhamento de práticas de cuidado entre as instituições de acolhimento e a rede territorial de atenção psicossocial impede a construção de ações de promoção de autonomia e participação social. Vale destacar que estas são algumas das diretrizes que fundamentam a Rede de Cuidados à Pessoa com Deficiência e a Rede de Atenção Psicossocial (RAPS).[27]

A articulação entre esses serviços é fundamental para a "composição de um espaço de atenção psicossocial a estes sujeitos e a suas famílias" (São Paulo, 2017, p. 85), na medida em que instaura uma política de atenção em saúde a serviço da inclusão social e promoção

---

27. Respectivamente, a Portaria n. 793/2012 institui a Rede de Cuidados à Pessoa com Deficiência no âmbito do Sistema Único de Saúde (SUS) e a Portaria n. 3.088/2011 institui a Rede de Atenção Psicossocial para pessoas com sofrimento ou transtorno mental e com necessidades decorrentes do uso de crack, álcool e outras drogas, no âmbito do SUS.

da autonomia. Por conseguinte, ressaltamos esta constatação como um aspecto crucial, sobre o qual faz-se necessário intervir no sentido de desenvolver ações e estratégias que possibilitem a inserção de sujeitos internados em instituições de acolhimento para a pessoa com deficiência em serviços de atenção psicossocial.

4.2.12. Uso de medicação

A pesquisa coletou informações sobre as medicações em uso pela população de acolhidos na instituição. Para tanto, estabelecemos como recorte temporal o ano de 2018: o estudo registrou todas as medicações, clínicas e psiquiátricas, prescritas a cada um dos acolhidos durante o ano de 2018.

O levantamento dessas informações apontou para a ocorrência de uso de 22 medicações clínicas e três complementos vitamínicos, listados em ordem alfabética: Ácido acetilsalicílico, Ácido fólico, Atenolol, Biperideno, Captopril, Carmelose sódica, Carvedilol, Clonidina, Cloridrato de metformina, Cloridrato de prometazina, Cloridrato de propranolol, Cloridrato de verapamil, Complexo B, Dersani, Enalapril, Hidroclorotiazida, Hidrocoloide, Insulina, Levotiroxina sódica, Losartana potássica, Mantidan, Omeprazol, Pantoprazol, Tamarine e Vitamina C.

Pudemos observar que o uso de medicamentos destinados ao tratamento de doenças cardiovasculares demonstrou ser preponderante, registrado em 10% dos casos. O uso dessas medicações corrobora as informações apresentadas (item 5.2.9) sobre as síndromes e doenças associadas.

Além disso, pode-se reconhecer o uso de medicamentos frequentemente associados à medicação psiquiátrica, como Biperideno (anticolinérgico) em 4,3% dos casos e Cloridrato de Prometazina (anti-histamínico) em 3,5% dos casos.

Por fim, o levantamento dessas informações evidenciou o uso de complemento vitamínico (Complexo B) em 95% dos casos. Esse dado parece-nos relevante, pois o uso da mesma medicação em quase a totalidade dos sujeitos acolhidos pode apontar para a homogeneização de práticas de cuidado. Não foi possível capturar nos documentos analisados a justificativa para o uso de complemento vitamínico.

Em relação à medicação psiquiátrica, encontramos em nossa amostra 21 ocorrências de medicações. São estas: Ácido valproico, Aripiprazol, Carbamazepina, Carbonato de lítio, Clonazepam, Clorpromazina, Clozapina, Diazepam, Divalproato de sódio, Fenitoína, Fenobarbital, Haloperidol, Levopromazina, Midazolam, Nitrazepam, Olanzapina, Oxicarbazepina, Paliperidona, Periciazina 4%, Quetiapina, Risperidona e Topiramato.

Pudemos observar que os sujeitos acolhidos na instituição fazem uso concomitante de mais de uma medicação. O levantamento dessas informações apontou que os sujeitos utilizam, em média, três medicações psiquiátricas. O caso de uso de maior quantidade apresentou a ocorrência de utilização de nove medicações, mas foram também encontrados sujeitos que não faziam uso de medicações psiquiátricas.

Para apresentação e análise dos dados, classificamos as medicações listadas de acordo com o grupo farmacológico ao qual pertencem. Assim, encontramos quatro grupos distintos: medicamentos anticonvulsivantes, medicamentos antipsicóticos, benzodiazepínicos e estabilizadores de humor.

O estudo evidenciou que as medicações pertencentes ao grupo de medicamentos antipsicóticos apresentaram a maior ocorrência de uso na população de acolhidos, registradas em aproximadamente

50% dos casos. Desse grupo, encontramos as seguintes medicações com maior ocorrência de uso: Levopromazina, utilizada em 13,7% dos casos; Periciazina 4%, utilizada em 9,4% dos casos, e Haloperidol, utilizado em 8,3% dos casos.

Registramos como segundo grupo com maior incidência de uso os medicamentos anticonvulsivantes, ministrados em 16,5% dos sujeitos acolhidos. As medicações com maior frequência de ocorrência nesse grupo foram: Oxcarbazepina, utilizada em 4% dos casos; Fenobarbital, utilizado também em 4% dos casos; e Ácido valproico, utilizado em 3,8% dos casos.

Os benzodiazepínicos aparecem como terceiro grupo de medicações com maior ocorrência de uso, ministrados em 12% dos sujeitos acolhidos. Nesse grupo, encontramos as seguintes medicações como aquelas utilizadas em maior frequência: Midazolam, utilizado em 4% dos casos; Nitrazepam, utilizado em 3,5% dos casos; e Clonazepam, utilizado em 2,9% dos casos.

Os estabilizadores de humor aparecem como o grupo de medicamentos com a menor frequência de ocorrências. Encontramos apenas o registro de uso de Carbonato de lítio em 0,5% dos casos.

4.2.13. Motivo da internação

O estudo registrou dados sobre as queixas e motivos apresentados como justificativa à necessidade de acolhimento na instituição. As informações foram extraídas dos documentos de internação e, em muitos casos, o estudo encontrou mais de um motivo registrado. A Tabela 24 apresenta os resultados encontrados, considerando todas as queixas apontadas como motivo de encaminhamento à internação.

Tabela 24 – Motivo para a internação na instituição

Motivos para a internação	%
Internações decorrentes de características do contexto social e familiar	48
Único responsável	16
Cuidado exclusivo pela mãe (pais separados)	6
Falecimento	5
Negligência/confinamento	4
Adoecimento de responsável	4
Dificuldade financeira	4
Violência	3
Abandono	3
Envelhecimento de responsável	2
Responsável institucionalizado	1
Internações decorrentes de características dos acolhidos	44
Agressividade	31
Episódios de fuga	4
Episódios de agitação	3
Alto grau de dependência	2
Risco de morte	1
Outros	3
Internações decorrentes de características dos serviços de assistência	6
Falta de acesso a tratamento	6
Total	100*

*A soma dos valores individuais é superior a 100% pelo arredondamento.

Fonte: Dados da autora.

Para efeito de análise, os motivos para o acolhimento institucional foram divididos em três categorias: *internações decorrentes de características dos acolhidos; internações decorrentes de características do contexto social e familiar* e *internações decorrentes de características dos serviços de assistência*.

A categoria *internações decorrentes de características do contexto social e familiar* demonstrou-se preponderante em nosso estudo. Vimos que em aproximadamente 48% dos casos o contexto social e familiar foi citado como motivo de encaminhamento para internação. Nessa categoria, as queixas se relacionam à precariedade econômica, condição de saúde e ausência de familiares.

O motivo "único responsável", encontrado em 16% dos casos, não descreve todos os sujeitos acolhidos que têm apenas um responsável legal, mas apenas os casos que tiveram essa informação apontada como motivo de internação.

Nesses casos, o motivo da internação salientava que o responsável não tinha condição de garantir, sozinho, o cuidado e suporte financeiro ao acolhido em sua residência. Observamos que, nesse grupo, a mãe foi apontada como única responsável mais recorrente, em 8% dos casos, seguida da avó, em 3% dos casos.

Somados a estes, o estudo encontrou outro dado que aponta para as dificuldades enfrentadas pelas mães dos acolhidos. Vimos que, em 6% dos casos, o motivo da internação descrevia situações nas quais, após o divórcio, o pai se distanciou do acolhido, ficando a mãe, sozinha, a cargo de seus cuidados.

As pesquisas de Barroso et al. (2007), Schmidt e Bosa (2007), Favero-Nunes e Santos (2010), Braccialli et al. (2012), Daltro (2015), Delgado (2014) e Maia Filho et al. (2016) apontam para resultados semelhantes e descrevem que muitas vezes as mães experienciam situações de estresse e sobrecarga, pois o cuidado das pessoas com necessidades especiais, na maioria dos casos, recai sobre a figura da mulher que, de acordo com Leite (2011), "tende a ser vista como a 'cuidadora por excelência', já que parte-se de um princípio historicamente construído de que ela seria, por essência, a responsável 'natural' pelos cuidados de outros" (Leite, 2011, p. 87).

Além disso, vale ressaltar que os casos que apresentaram o motivo "único responsável" para a internação descrevem a sobrecarga física, emocional e econômica do familiar, que dispunha de pouca rede de apoio e não contava com a rede pública de assistência para o cuidado com o acolhido.

Por fim, encontramos 5% de casos de sujeitos que estavam sob a guarda de um único responsável e, na ocasião do falecimento deste, foram encaminhados à internação.

Ainda nessa categoria, o motivo "violação de direitos" foi o segundo com maior frequência de ocorrências, observado em 10% dos casos, nos quais a solicitação de internação justificava-se pela situação de abandono, negligência, confinamento ou violência sofrida no contexto familiar.

Por fim, o estudo evidencia que, em 7% dos casos, a condição de saúde dos familiares foi citada como motivo de encaminhamento para a internação. Nesses casos, encontramos o apontamento de envelhecimento e necessidade de tratamento em saúde de familiares como fatores que impossibilitam o exercício do cuidado do acolhido em sua residência.

A categoria "internações decorrentes de características dos acolhidos" compreende 44% dos sujeitos. Nesses casos, encontramos comportamentos e sintomas dos acolhidos como motivos de encaminhamento à internação, tais como: episódios de agressividade, episódios de fuga, episódios de agitação, alto grau de dependência e comportamentos de risco à vida.

A ocorrência de comportamentos agressivos, entretanto, é a principal queixa registrada no estudo, presente em 31% dos casos. Tendo em vista que o TEA foi o principal diagnóstico encontrado nos sujeitos acolhidos, vale ressaltar que as manifestações de agressividade foram apontadas nos estudos de Favero-Nunes e Santos (2010), Barbosa (2010) e Segeren e Francozo (2014) como uma das principais dificuldades enfrentadas por familiares de autistas.

Além das dificuldades em relação aos vínculos familiares, os comportamentos agressivos prejudicam os vínculos comunitários e o acesso a serviços e locais públicos. De acordo com Schmidt e Bosa (2007, p. 186), "esta situação interfere na possibilidade do sujeito aprender novas habilidades sociais e educacionais, conduzindo a um processo de exclusão social". Exemplo disso pode ser observado nas informações sobre a escolaridade dos acolhidos. Vimos que 12% dos sujeitos haviam sido, antes da internação, desligados de escolas regulares e especiais em decorrência de comportamento agressivo.

Isso posto, o estudo aponta ser fundamental a construção de práticas de atenção capazes de responder às situações de agressividade dentro dos serviços territoriais e do contexto familiar. Com efeito, conforme exposto, os episódios de agressividade foram o principal motivo de encaminhamento para a internação.

No caso do TEA, muitas vezes, a manifestação de agressividade decorre da dificuldade de comunicação e expressão (Sprovieri e Assumpção, 2001). Assim, o comportamento desafiador ou agressivo exerce função de comunicação e, segundo Bosa (2006, p. 50), pode ter como finalidade "indicar necessidade de auxílio ou atenção; escapar de situações ou atividades que causam sofrimento; obter objetos desejados; protestar contra eventos/atividades não desejados; obter estimulação".

Dessa forma, a superação da problemática que envolve a agressividade no TEA depende da efetivação de práticas que proporcionem o desenvolvimento de habilidades sociais e de linguagem, além de ações sobre os serviços e contexto familiar que possibilitem a inclusão social.

A categoria com menor registro de ocorrências refere-se às "internações decorrentes de características dos serviços de assistência", apontadas em 6% dos casos. Nessas situações, o motivo de encaminhamento para a internação apontava para a falta de acesso a tratamento territorial.

Após análise qualitativa do material coletado, identificamos e selecionamos, entre todas as queixas apontadas, a que representa o principal motivo responsável pela solicitação de internação em cada um dos casos. A fim de compreendermos as especificidades da população alvo do estudo, que compreende as crianças e adolescentes institucionalizados, relacionamos os dados referentes ao principal motivo de encaminhamento para o acolhimento entre os grupos de sujeitos que entraram na instituição com idade menor e maior de 18 anos. A Tabela 25 apresenta os resultados encontrados.

A partir dos dados evidenciados na Tabela 24, podemos observar que o motivo "dificuldade em exercer o cuidado cotidiano com os acolhidos" foi a queixa preponderante nas solicitações de internação, tanto no grupo de adultos quanto no grupo de crianças e adolescentes. Vale observar que identificamos, em muitos registros, a ênfase dos familiares nas dificuldades enfrentadas em domicílio e a falta de assistência e acesso ao tratamento.

Tabela 25 – Motivo principal para a internação na instituição

Motivos principal para a internação na instituição	Acolhidos com idade entre 0 e 17 anos %	Acolhidos com idade igual ou superior a 18 anos %
Dificuldade no cuidado	53	54
Ausência de responsáveis	29	21
Falta de acesso a tratamento	6	4
Adoecimento/envelhecimento de responsáveis	3	7
Condição socioeconômica da família	9	14
Total	100	100

Fonte: Elaborada pela autora.

Além disso, pudemos averiguar que a queixa "ausência de responsáveis" aparece como segundo principal motivo de encaminhamento em ambos os grupos, embora com distinta representação entre eles. A ocorrência de acolhimentos em decorrência da ausência de familiares evidencia-se com maior frequência no grupo de sujeitos acolhidos no período da infância ou adolescência. O abandono familiar evidenciou-se como motivo mais comum aos sujeitos internados durante a infância e adolescência do que àqueles internados na idade adulta. Vale destacar que essa queixa revela um aspecto importante em relação à internação de crianças e adolescentes: a instituição de acolhimento para pessoas com deficiência opera, no campo da infância, como um serviço híbrido, atendendo a demandas diversas. Assim, como bem salienta Almeida (2012), estas instituições devem ser objeto de estudo na medida em que mostram a duplicidade da rede assistencial para crianças e adolescentes com transtorno mental e deficiência.

A queixa "falta de acesso a tratamento" foi evidenciada com discreta preponderância para os sujeitos acolhidos durante o período da infância e adolescência. Entendemos este como o principal motivo de encaminhamento em 6% dos casos de crianças e adolescentes e 4% nos casos de adultos.

Vimos que o adoecimento ou envelhecimento de familiares como motivo de encaminhamento é prevalente no grupo de sujeitos internados na instituição durante a fase adulta. O estudo constatou uma situação recorrente nesse grupo que aponta para uma característica da clientela atendida.

Encontramos sujeitos que viviam em companhia de suas famílias até a idade adulta. Nesses casos, as famílias conseguiram estruturar o cotidiano e os cuidados com os acolhidos durante um longo período de vida. Entretanto, ao envelhecerem ou adoecerem, os familiares enfrentam dificuldades físicas para o cuidado domiciliar e o acompanhamento em atividades externas. De acordo com a análise das informações, pudemos constatar que as famílias não receberam assistência de serviços territoriais para lidar com essa nova demanda e, em decorrência disso, optaram pelo acolhimento institucional.

Além desses casos, vimos também como recorrentes no grupo de adultos situações nas quais os acolhidos viviam em companhia de um único responsável e, devido ao falecimento deste, foram encaminhados à instituição.

Estes resultados nos permitem descrever a necessidade de desenvolvermos práticas e ações de cuidado que visem o cotidiano das famílias, a fim de evitar a institucionalização de sujeitos que estavam incluídos socialmente. Em outras palavras, defende-se aqui a necessidade de assistência domiciliar e territorial como um fator determinante para a internação neste grupo.

Torna-se necessário que o campo da saúde mental e deficiência centre suas ações em dar subsídios às famílias, para que elas possam continuar exercendo os cuidados com os acolhidos e, além disso, dar subsídios aos sujeitos adultos para que, mesmo após a ocorrência de falecimento de seus familiares, possam continuar vivendo em liberdade.

A condição socioeconômica das famílias foi citada como principal motivo para a solicitação de internação em 14% dos casos de adultos e 9% dos casos de crianças e adolescentes. Vale destacar que, em alguns casos, os familiares relatam o agravamento da condição econômica devido à necessidade de um dos membros parar sua atividade profissional e dedicar-se exclusivamente ao cuidado e acompanhamento do acolhido.

O Inquérito Civil 033/17 indica resultados semelhantes ao nosso estudo. De acordo com o documento, nas dezesseis instituições pesquisadas, a maior motivação para o acolhimento foi "necessidade de cuidados específicos, seguida de abandonos e situações de vulnerabilidade socioeconômica da família" (São Paulo, 2017, p. 53).

Desse modo, a pesquisa demonstra que, para romper o ciclo de encaminhamento para instituições de acolhimento para pessoas com deficiência, torna-se crucial que desenvolvamos estratégias e intervenções de suporte às famílias. Esta constatação é corroborada pelo estudo de Paula (2013, p. 3), pois segundo a autora, as famílias que buscam a internação

> o fazem em função de não terem tido suas necessidades básicas atendidas anteriormente. Além disso, no momento da solicitação da internação, não existe nenhuma alternativa a oferecer. A internação aparece de forma indiscriminada como solução para uma diversidade de problemas.

4.2.14. Benefício de Prestação Continuada

O estudo registrou informações sobre a renda e benefícios recebidos pelos sujeitos acolhidos na instituição. Pudemos apurar que nenhum dos sujeitos está inserido no mercado de trabalho ou exerce qualquer atividade profissional que lhe reverta em renda.

Os sujeitos acolhidos que recebem renda são, unicamente, aqueles beneficiários de pensões ou do Benefício de Prestação Continuada (BPC[28]). A pesquisa constatou que aproximadamente 41% dos sujeitos acolhidos na instituição são beneficiários do BPC enquanto aproximadamente 7% são favorecidos por pensões.

Ocorre entretanto que 97%, isto é, quase a totalidade dos sujeitos em acolhimento na instituição, encontram-se interditados para os atos da vida civil. Assim, o recebimento da verba é realizado por um curador que, nomeado judicialmente, assume a responsabilidade pela administração e repasse da renda ao beneficiário. A Tabela 26 apresenta os dados coletados sobre a conjuntura de curatela e de recebimento de BPC ou pensão dos sujeitos acolhidos.

As informações apresentadas na tabela revelam um dado importante, segundo o qual, dentre o grupo que compreende os 48% de sujeitos acolhidos e contemplados por pensão ou BPC, em 30% dos casos a renda é transferida para a família e, em 18%, para a instituição.

---

28. O BPC é um benefício de renda no valor de um salário mínimo para pessoas com deficiência de qualquer idade ou para idosos com idade de 65 anos ou mais. Para a concessão deste benefício, é exigido que a renda familiar mensal seja de até ¼ de salário mínimo por pessoa. Fonte: http://www.mds.gov.br/relcrys/bpc/manual_1.htm#:~:text=O%20Benef%C3%ADcio%20de%20Presta%C3%A7%C3%A3o%20Continuada,a%20%C2%BC%20do%20sal%C3%A1rio%20m%C3%ADnimo. Acesso em: 15 fev. 2021.

Tabela 26 – Conjuntura de curatela, BPC e pensão dos sujeitos acolhidos na instituição

Conjunturas de curatela e de recebimento de BPC	%
Curatela em nome da família que repassa o BPC para a instituição	8
Curatela em nome da família que não repassa o BPC para a instituição	11
Curatela em nome da família sem informação sobre o recebimento de BPC	21
Curatela em nome da família que repassa a pensão para a instituição	4
Curatela em nome da família que não repassa a pensão para a instituição	3
Curatela em nome de funcionário da entidade e BPC recebido pela instituição	6
Curatela em nome de funcionário da entidade e BPC recebido pela família	16
Curatela em nome de funcionário da entidade sem informação sobre o recebimento de BPC	29
Assistidos que não têm curatela e não recebem BPC	3
Total	100*

* A soma dos valores individuais é superior a 100% pelo arredondamento.

Fonte: Elaborado pela autora.

Em casos nos quais a família está responsável pelo recebimento da renda, encontramos três ocorrências distintas: famílias que repassam mensalmente o valor recebido à instituição; famílias que, com o valor recebido, custeiam necessidades dos acolhidos com tratamentos em saúde ou compra de roupa, comida, produtos de higiene pessoal, medicamentos etc. E, por último, o estudo averiguou a ocorrência de famílias que recebem a renda e utilizam-se da verba integralmente, sem que o acolhido seja beneficiado por ela.

Importante ressaltar que o BPC, previsto pela Lei Orgânica da Assistência Social,[29] representa um recurso de renda importante e fundamental para a assistência da pessoa com deficiência, destinado às situações em que se constate a deficiência como incapacitante e a baixa renda familiar. Trata-se de um instrumento de inclusão social, com a finalidade de manter e possibilitar a convivência familiar.

Em vista disso, a prática de recebimento direto ou repasse de verba à instituição é um importante dado revelado pela pesquisa e também descrito pelo Inquérito Civil 033/17. De acordo com esse levantamento, mais de 49% da população de sujeitos acolhidos nas dezesseis instituições pesquisadas eram beneficiários do BPC e todas as instituições registraram ter acolhidos nessa situação (São Paulo, 2017).

Muito embora saibamos que a renda destinada à instituição deva ser dirigida à assistência ao acolhido e que, além disso, algumas dessas instituições prescindam da verba para garantir seu funcionamento, a prática de transferência de benefício nos parece contraditória. Uma vez que a verba advinda do BPC é necessária para manter as instituições de acolhimento, revela-se um destino da verba pública que, apesar de atribuída à inclusão social, se redireciona para a sustentação de instituições de caráter asilar. Sobre esse aspecto, o Inquérito Civil 033/17 ressalta:

> Evidencia-se uma distorção quando se identifica o repasse desses valores para a manutenção destas instituições, em detrimento aos investimentos em políticas públicas e nas possibilidades de se construir um trabalho social com Famílias, considerando que

---

29. Lei n. 8.742/1993 dispõe sobre a organização da Assistência Social e dá outras providências.

o BPC é destinado àqueles sujeitos que não possuem condições de prover a sua própria subsistência, ou tê-la provida por suas famílias. (São Paulo, 2017, p. 83)

Vale lembrar que, ao contrário do investimento nas políticas públicas, o destino dado à verba recebida por BPC pelas instituições é dificilmente publicado ou fiscalizado. De acordo com o Inquérito Civil 033/17 (São Paulo, 2017), a intervenção do Sistema de Justiça demonstra exercer maior controle sobre as famílias do que sobre as instituições, nos casos de curatela e recebimento de BPC.

Outro dado importante apontado no estudo refere-se ao acesso do acolhido à renda. Pudemos observar que nenhum dos acolhidos tem participação no processo de recebimento, informação ou escolha sobre o uso da renda.

Isso posto, destacamos aqui ser de suma importância a efetivação de práticas e ações intersetoriais de assistência que possam dar subsídio ao uso do BPC como estratégia de garantia para a autonomia e convivência familiar, evitando, assim, a ocorrência de acolhimento institucional. Ademais, nos casos de sujeitos já institucionalizados, a renda do BPC pode também dar subsídio a práticas que contribuam para a aproximação e retorno ao contexto familiar e práticas que promovam a inclusão social e a cidadania dos sujeitos acolhidos.

4.2.15. Encaminhamento

O estudo registrou informações sobre serviços e atores que solicitaram a internação ou encaminharam os sujeitos para o acolhimento na instituição estudada. A partir desse levantamento, encontramos quinze formas e agentes responsáveis pelo encaminhamento. São estes:

ação judicial, ação judicial movida pela família, Centro de Atenção Psicossocial (CAPS), Centro de Referência Especializado de Assistência Social (CREAS), Conselho Tutelar (CT), hospital psiquiátrico, Núcleo de Apoio à Saúde da Família (NASF), outras instituições de acolhimento institucional para a pessoa com deficiência, Residência Inclusiva (RI), Serviço de Acolhimento Institucional para Crianças e Adolescentes (SAICA), serviço de assistência ou tratamento ambulatorial, solicitação da família, solicitação de órgãos públicos de gestão, Unidade Básica de Saúde (UBS) e Unidade de atendimento de urgência/emergência. Vale lembrar que, em alguns casos, pudemos observar o apontamento de mais de um agente como encaminhador. A Tabela 27 apresenta a distribuição encontrada.

Tabela 27 – Agentes encaminhadores para a instituição

Agentes encaminhadores	%
Hospital psiquiátrico	26
Instituição de acolhimento para pessoas com deficiência	24
Serviços ambulatoriais	16
CAPS	9
Unidade de urgência	4
UBS	1
NASF	1
RI	2
CT	3
Solicitação familiar	35
Determinação judicial	44
CREAS	4
Órgãos Públicos	13

Fonte: Elaborador pela autora.

De acordo com as informações apresentadas na Tabela 27, podemos notar que o encaminhamento via hospital psiquiátrico foi registrado em aproximadamente 26% dos casos. A análise dos dados apontou que esses sujeitos estiveram, em média, internados por dois anos e seis meses nessas instituições antes do encaminhamento para o acolhimento na instituição pesquisada.

Além disso, pudemos averiguar que em aproximadamente 24% dos casos, o encaminhamento à instituição foi realizado por outra entidade de acolhimento institucional para pessoas com deficiência. Nesses casos, os sujeitos já estavam acolhidos em outras instituições e foram transferidos para a instituição pesquisada. Encontramos como principais motivos de transferência: determinação judicial, término de convênio com Secretarias de Governo, decisão familiar e fechamento de instituição. Em relação ao tempo de permanência, pudemos observar que, em média, os sujeitos estiveram acolhidos nessas instituições por cinco anos e nove meses antes de serem encaminhados para internação na instituição pesquisada.

Dessa forma, somados os encaminhamentos realizados por entidade de acolhimento para pessoas com deficiência e por hospitais psiquiátricos, pudemos constatar que 50% dos sujeitos viviam a situação de internação mesmo antes do acolhimento na instituição pesquisada. Vale destacar que estas já se configuravam como internações de longa permanência.

Dessa maneira, o estudo descreve um resultado relevante: metade do grupo de acolhidos era composta por sujeitos previamente institucionalizados com histórico de internações de longa duração e transferência entre instituições asilares. Trata-se de uma população institucionalizada com pouca possibilidade de desenvolvimento de autonomia e cidadania e, portanto, susceptível à cronificação e ao asilamento perene.

As longas internações prejudicam vínculos familiares e comunitários e dificultam o processo de inclusão social. Além disso, o próprio cotidiano institucional, estruturado a partir da perspectiva da doença e dos sintomas, produz efeitos negativos sobre a subjetividade. Os limites e fracassos do modelo asilar e os malefícios da institucionalização, demonstrados a partir de décadas de prática, apontam para efeitos iatrogênicos que provocam piora na qualidade de vida dos sujeitos assistidos (SES, 2015).

A partir do exposto, o estudo reafirma a necessidade de elaboração de pesquisa censitária sobre a população de sujeitos internados em instituições de acolhimento para pessoas com deficiência. Ao compreendermos o processo de institucionalização como resultante de múltiplos fatores, a investigação sobre esta população, de maneira semelhante ao Censo de moradores em hospitais psiquiátricos, possibilitará identificar causas da institucionalização e promover práticas de reinserção social dos sujeitos submetidos à longa história de institucionalização.

Além das informações referentes ao encaminhamento, o estudo verificou que aproximadamente 64% dos sujeitos acolhidos na instituição haviam sido submetidos à internação pregressa em instituições de acolhimento para pessoas com deficiência ou hospitais psiquiátricos em algum momento de sua vida. Dito isso, podemos reconhecer a presença do processo de *revolving door* entre a população de sujeitos acolhidos na instituição.

O termo *revolving door* ("porta giratória") refere-se à reinternação psiquiátrica que ocorre de maneira sucessiva e frequente. Pesquisas recentes apontam que, muito embora não haja uma definição exata sobre seus parâmetros, o processo de porta giratória tem sido objeto de estudo desde a década de 1960 e demonstra ser um fenômeno recorrente no campo da saúde mental (Gastal et al., 2000; Parente et al., 2007; Bezerra e Dimenstein, 2011; Ramos et al., 2011; Silveria, 2016; Mour, 2017; Gusmão et al., 2017; Zanardo et al., 2017).

O efeito *revolving door* surge em consequência do próprio processo de substituição do modelo asilar e hospitalocêntrico pelo modelo psicossocial de atenção em saúde mental (Gastal et al., 2000; Parente et al., 2007; Ramos et al., 2011) e, de acordo com Moura (2017, p. 32), pode ser observado "em diversos países, que assim como o Brasil, reorganizaram sua atenção ao portador de transtorno mental, preconizando as internações breves em detrimento da longa permanência em hospitais psiquiátricos".

Dessa forma, a reorientação do modelo de atenção em saúde mental possibilitou uma redução importante em relação à duração das internações psiquiátricas, mas não foi capaz de conter por completo a ocorrência de reinternações. Em outras palavras, o fenômeno da porta giratória descreve uma parcela de indivíduos que, apesar das mudanças nas diretrizes de atenção em saúde mental, continuam sendo submetidos a recorrentes internações em instituições especializadas. Como bem salientam Rotelli et al. (2001, p. 21): "A desinstitucionalização, portanto, entendida e praticada como desospitalização, produziu o abandono de parcelas relevantes da população psiquiátrica e também uma transinstitucionalização (...) e novas formas de internação".

Os dados levantados em nosso estudo corroboram que uma parcela significativa da população estudada apresenta reinternações em sua trajetória institucional de assistência e cuidado. O efeito da porta giratória, segundo Bezerra e Dimenstein (2011), decorre da fragmentação do cuidado e ausência de articulação da rede de serviços, que inviabilizam a continuidade do tratamento após a internação. Somadas a isso, a falta de suporte às famílias (Gastal et al., 2000; Gusmão et al., 2017) e a dificuldade de adesão ao tratamento também são apontadas como fatores desencadeantes de reinternações (Zanardo et al., 2017).

Em vista disso, a significativa ocorrência de sujeitos submetidos à reinternação em nosso estudo evidencia a necessidade da efetivação das políticas públicas de atenção à saúde mental e deficiência a fim de integrar a rede de assistência e cuidado, tornando-a capaz de atender às necessidades e demandas dos sujeitos e suas famílias, prescindindo, assim, da prática de sucessivas internações. De acordo com Gusmão et al. (2017), a experiência de repetidas internações implica consequências negativas aos sujeitos submetidos a essa prática, pois contribui para a fragilização de vínculos familiares e comunitários (Ramos et al., 2011; Zanardo et al., 2017). Conforme salientam Silveira et al. (2016, p. 334):

> Quanto mais internações psiquiátricas a pessoa tem, mais suscetível ela está a internar novamente. E, como consequência, mais enfraquecido fica seu vínculo com a própria rotina e mais difícil de readaptar-se a ela. Levando-se em conta que o sofrimento psíquico tem por característica o isolamento social, é necessário esforço redobrado para que essas pessoas sejam estimuladas a participar da vida em comunidade. Por fim, não resta dúvida de que prevenir reinternações é um objetivo primário no cuidado em saúde mental.

A partir do exposto, a pesquisa demonstra que a reinternação, a transferência e a longa permanência nas instituições são situações recorrentes na trajetória dos sujeitos estudados. Tendo em vista a cronificação e a violação de direitos provocadas por essas práticas, o estudo destaca o mérito em tomarmos essa população como objeto de estudo e intervenção, a fim de promover ações intersetoriais de desinstitucionalização e garantia de direitos.

Para além dos encaminhamentos via instituições de acolhimento e hospitais psiquiátricos, o estudo encontrou 16% de sujeitos que haviam sido encaminhados ao acolhimento na instituição por serviço de assistência ou tratamento ambulatorial. Vale ressaltar que 60% destes eram unidades conveniadas, sem fins lucrativos.

Nessa categoria, o estudo registrou ambulatórios especializados em hospitais universitários e instituições de atendimento exclusivo para a pessoa com deficiência, como os principais serviços ambulatoriais encaminhadores. Além disso, encontramos documentos de encaminhamento elaborados por médicos psiquiatras e neurologistas que prestavam tratamento na rede particular.

O estudo mostrou ainda outros serviços da rede pública de assistência como agentes encaminhadores ao acolhimento na instituição. Entre os serviços pertencentes à área da saúde, o CAPS foi citado em 9% dos casos; a unidade de urgência em 4% dos casos; a UBS em 1% dos casos e o NASF também em 1% dos casos.

Em relação aos serviços pertencentes ao campo da assistência social, encontramos o CREAS como agente encaminhador em 4% dos casos. Além disso, pode-se constatar que 2% dos sujeitos residiam em Residência Inclusiva e foram encaminhados deste serviço ao acolhimento na instituição.

Ademais, a ocorrência de Conselhos Tutelares como agentes encaminhadores ao acolhimento foi observada em 3% dos casos internados na instituição.

A pesquisa encontrou ainda, em 13% dos casos, situações nas quais o encaminhamento não havia sido indicado por nenhum serviço específico, mas realizava-se em nome de órgãos públicos de gestão.

O acolhimento na instituição motivado por solicitação da família foi observado em 35% dos casos. Vale destacar que, na maioria desses casos (22%), as famílias utilizaram-se de processos judiciais para o requerimento da internação.

O Inquérito Civil 033/17 também aponta para uma quantidade significativa de acolhimentos via solicitação de familiares, observada em quase um terço dos casos. É pertinente citar a seguinte observação do IC: "Estes dados sugerem que a insuficiência de serviços das políticas públicas e a falta de suporte necessário às famílias dificultam a circulação desses sujeitos e a preservação dos vínculos familiares" (São Paulo, 2017, p. 47).

4.2.16. Processos judiciais

O estudo encontrou registros de processos judiciais nos prontuários de 65% dos casos analisados. Entre eles, foram registrados processos referentes a interdição, tutela e curatela, destituição do poder familiar, guarda, acolhimento institucional e internação compulsória.

A partir da análise das informações pudemos constatar que aproximadamente 44% dos casos foram de encaminhamento à instituição via determinação judicial. Esse dado aponta para o poder judiciário como principal agente encaminhador de sujeitos ao acolhimento institucional na entidade pesquisada.

Entre os casos de processos judiciais de internação movidos por familiares, pudemos observar a referência à Ação Civil Pública n. 0027139-65.2000.8.26.0053, em trâmite perante a 6ª Vara da Fazenda

Pública de São Paulo, que assim decidiu: "Se o Estado não pode proporcionar tratamento adequado a todos os menores deficientes, deve promover este tratamento por outros meios, às suas expensas. Jamais utilizar a falha de estrutura como justificativa para sua omissão".

A Ação Civil Pública acima mencionada foi citada como embasamento dos processos judiciais analisados no estudo, visto que abrange a população de sujeitos com TEA residentes no Estado de São Paulo. Ao nosso sentir, indica, em dissonância às políticas de saúde mental e deficiência,[30] o acolhimento em instituição especializada como uma estratégia de assistência e tratamento.

Em relação à articulação na atuação dos serviços da rede pública de assistência e do poder judiciário, pudemos observar, em algumas situações, que os serviços e secretarias concordam e, por vezes, corroboram com as determinações judiciais de internação na instituição. Nesses casos, encontramos os seguintes motivos de encaminhamento: descontinuidade ou "não aderência" por parte do usuário ao tratamento disponível na rede, falta de recursos materiais e profissionais nos serviços para dar assistência ao usuário, severidade do quadro clínico, situação extrema de vulnerabilidade social e falta de condições de suporte familiar.

Pudemos averiguar entretanto que, em outras situações, os campos do Poder Judiciário e da assistência atuam de forma isolada, produzindo práticas de atenção desarticuladas e, muitas vezes, contraditórias.

---

30. A Lei n. 13.146/2015 – Estatuto da Pessoa com Deficiência – assim determina, em seus artigos 10 e 11: "Art. 11. A pessoa com deficiência não poderá ser obrigada a se submeter a intervenção clínica ou cirúrgica, a tratamento ou a institucionalização forçada. (...) e Art. 12. O consentimento prévio, livre e esclarecido da pessoa com deficiência é indispensável para a realização de tratamento, procedimento, hospitalização e pesquisa científica". A nosso ver, a Legislação nacional mencionada demonstra, de forma clara, que o acolhimento em instituição especializada é excepcional e não estratégia primária de atendimento.

Um exemplo disso pode ser constatado num caso de transferência de um serviço de Residência Inclusiva para a instituição pesquisada via ordem judicial. Observamos nesse caso que a RI elaborou diversos relatórios e pareceres contrários à transferência. Nos documentos, a RI solicita a permanência do sujeito na instituição, visto que tinha vínculos importantes estabelecidos com os moradores e com os equipamentos da rede e que os familiares moravam no território e mantinham contato com o acolhido. A determinação judicial, entretanto, desconsiderando totalmente essas informações, executou a saída da RI e determinou o acolhimento na instituição pesquisada.

Encontramos também um exemplo no qual a internação na instituição ocorreu a despeito de determinação judicial anterior. Nesse caso, encontramos no prontuário um processo de internação que havia sido negado à família, indicando a necessidade de inclusão em serviços de saúde e educação. Vimos, entretanto, que a internação se realizou pouco tempo depois, via solicitação de serviços e secretarias da rede pública de atenção.

Além disso, os dados sobre o percurso institucional dos acolhidos apontam para um importante ponto de articulação entre a instituição e o campo jurídico. O estudo demonstra a ocorrência em aproximadamente 17% dos casos de sujeitos internados na instituição que haviam sido pregressamente submetidos à medida protetiva de acolhimento institucional durante o período da infância e adolescência. Dentre este grupo de sujeitos, a pesquisa registrou trajetórias institucionais distintas, percorridas até o encaminhamento para a instituição pesquisada.

Para concluir, vale destacar que os dados apresentados representam os agentes encaminhadores à instituição pesquisada e não podem ser generalizados, já que, como vimos, as instituições de acolhimento diferem em previsões legais e formas de financiamento e funcionamento. Assim, o estudo sobre as formas de encaminhamento para o acolhimento revela que, muito embora a instituição não seja um equipamento público, atende a solicitações de internação da rede pública de saúde e assistência social e do poder judiciário, "não parecendo existir um critério geral para seu estabelecimento, uma vez que este é feito diretamente pelos diversos solicitantes" (São Paulo, 2017, p. 52).

4.2.17. Encaminhamento de crianças e adolescentes

A fim de compreendermos as especificidades da população de crianças e adolescentes institucionalizados, fizemos um levantamento das informações de encaminhamento referentes a este grupo. A Tabela 28 apresenta a distribuição dos agentes encaminhadores observada nos sujeitos acolhidos na instituição durante o período da infância a adolescência.

Tabela 28 – Agentes encaminhadores de crianças e adolescentes para a instituição

Tipos de instituição	%
Ação judicial	30
Hospital psiquiátrico	16
Solicitação familiar	14
SAICA	14
Serviços ambulatoriais	12
Instituição de acolhimento para pessoas com deficiência	12
Órgãos públicos	6
CAPS	4
CT	3

Fonte: Elaborada pela autora.

A partir dos dados expostos na Tabela 28 podemos constatar que 30% das crianças e adolescentes institucionalizados tiveram sua internação determinada por meio de ações judiciais, sendo 8% destas movidas por familiares.

A pesquisa aponta ainda outro resultado significativo: 28% dos sujeitos eram oriundos de outras instituições de internação. Dentre o grupo de sujeitos que deram entrada na instituição durante o período da infância e adolescência, 16% foram encaminhados por hospitais psiquiátricos e 12% por outras instituições de acolhimento para pessoas com deficiência.

A análise sobre o tempo médio de internação neste grupo apontou diferenças entre o perfil de internação nas instituições. As internações em instituições de acolhimento para pessoas com deficiência apresentaram tempo médio de duração superior. Enquanto as internações de crianças e adolescentes em hospitais psiquiátricos apresentavam a média de duração de sete meses, as internações em instituições de acolhimento para pessoas com deficiência estenderam-se por 31 meses.

Em terceiro lugar como encaminhadores, presentes em 24% dos casos, estão equipamentos diversos que compõem a rede de atenção e proteção à infância e adolescência. Encontramos 12% de casos encaminhados por serviços ambulatoriais como Associações de Pais e Amigos dos Excepcionais (APAES), ambulatórios de especialidades e médicos particulares. Observamos também 6% de casos encaminhados por órgãos públicos, 4% encaminhados pelos CAPS e, por fim, 3% de casos que apresentaram o conselho tutelar como agente encaminhador.

Os SAICAs e as solicitações de familiares aparecem em igual proporção como agentes encaminhadores em 14% dos casos. Dentre os sujeitos encaminhados por SAICAs, percebemos distintos percursos institucionais, desde a medida protetiva de acolhimento institucional até a internação em instituição de acolhimento para pessoas com deficiência. São estes:

- SAICA → Instituição: encontramos 5% de casos, nos quais os sujeitos foram encaminhados diretamente de Serviços de Acolhimento Institucional para Crianças e Adolescentes (SAICA) para internação na instituição pesquisada. Todos estes deram entrada na instituição com idade menor de 18 anos.
- SAICA → Instituição 1 → Instituição 2: registramos 3% de casos nos quais os sujeitos foram encaminhados pelo SAICA para outras instituições de acolhimento para pessoa com deficiência e, posteriormente, transferidos para a instituição pesquisada.
- SAICA → Hospital psiquiátrico → Instituição: de forma semelhante, a pesquisa constatou que aproximadamente 4% dos sujeitos foram encaminhados pelo SAICA para internação em hospital psiquiátrico e posteriormente transferidos para a instituição pesquisada.
- SAICA → RI → Instituição: encontramos também sujeitos encaminhados pelos SAICAs à Residência Inclusiva (RI) e, posteriormente, transferidos para a instituição pesquisada.

De acordo com o ECA, o encaminhamento de crianças e adolescentes para acolhimento institucional configura-se como uma medida protetiva, que tem como finalidade garantir-lhes proteção frente a situações graves de violação de direitos. Essa medida, entretanto, deve ocorrer em caráter de provisoriedade e excepcionalidade, estando sempre aliada a ações que promovam a garantia de direitos e o fortalecimento de vínculos familiares e comunitários.

Segundo documentos publicados pelo Ministério do Desenvolvimento Social e Combate à Fome (Brasil, 2009; 2013), o acolhimento de crianças e adolescentes deve realizar-se em estabelecimentos semelhantes a uma residência, com ocupação máxima de até vinte sujeitos. Além disso, os serviços de acolhimento devem atender a uma demanda heterogênea, não podendo, portanto, prestar atendimento exclusivo a partir de características específicas das crianças e adolescentes, por exemplo, condições de saúde dos acolhidos, como é o caso da deficiência.

A pesquisa demonstrou, entretanto, que 5% dos sujeitos acolhidos na instituição pesquisada eram oriundos de SAICAs especializados para crianças e adolescentes com comprometimento em saúde.

Conforme salientado pelas referidas publicações, o atendimento deve promover o respeito às individualidades e necessidades específicas de cada criança ou adolescente, operando não como fim, mas sim como um recurso que, aliado aos demais serviços de educação, saúde e assistência social, propicie o restabelecimento de direitos desta população.

Dessa forma, em situações nas quais o afastamento familiar for inevitável, o acolhimento institucional deve realizar-se com a finalidade de atender às necessidades da criança ou do adolescente e garantir-lhes o direito à convivência familiar e comunitária. Dito isso, a medida protetiva de acolhimento institucional não pode incutir a privação de liberdade, nem tampouco contribuir para situações de abandono por meio da fragilização de laços familiares e vínculos comunitários.

O estudo aponta para uma situação de violação de direitos observada em 14% dos casos, nos quais a medida protetiva de acolhimento institucional resultou na internação permanente em instituição de acolhimento para pessoas com deficiência. Em outras palavras, podemos dizer que, para este grupo de crianças e adolescentes, o acolhimento institucional, em vez de garantir-lhes os direitos à convivência familiar e comunitária e ao cuidado adequado com o objetivo de facilitar o seu desenvolvimento integral, resultou em asilamento e exclusão social, práticas não condizentes com a legislação destinada a esta população e aos princípios éticos dos direitos humanos.

A partir do exposto, a presente pesquisa destaca ser fundamental e urgente lançarmos luz sobre a população de crianças e adolescentes com comprometimentos em saúde submetida à medida protetiva de acolhimento institucional, a fim de construir práticas efetivas aos seus direitos que se contraponham ao modelo asilar. Nas palavras de Rizzini (2008, p. 43), trata-se de "encontrar caminhos para impedir que a criança ou o adolescente entre no circuito do 'confinamento perene' e do esquecimento".

O desenvolvimento de pesquisas e intervenções intersetoriais sobre esta população é fundamental para garantir que medidas destinadas à proteção de crianças e adolescentes não se transformem em mecanismos de violação de direitos.

Por fim, pudemos observar, também em 14% dos casos, a solicitação de acolhimento na instituição por solicitação de familiares. Como principais motivos de internação registrados por familiares encontramos: a impossibilidade de prover cuidados, condição de pobreza das famílias e ausência de serviços que pudessem oferecer suporte efetivo.

Como bem destaca Daltro (2015), a presença de uma criança ou adolescente com deficiência mental ou transtorno mental pode gerar sobrecarga emocional, física e financeira sobre suas famílias, além de causar impactos negativos decorrentes de estigmatização e discriminação.

Apesar disso, vimos em nosso estudo que, em vez de receber assistência, as famílias são responsabilizadas inteiramente pelo cuidado de seus filhos. Exemplo disso pode ser observado ao constatarmos que crianças e adolescentes institucionalizados, em sua maioria, não estavam inseridos na rede intersetorial de seus territórios, permanecendo excluídos inclusive da rede de ensino. Nos relatos das queixas das famílias, é importante destacar a falta de acesso a tratamento e a atenção insuficiente para responder às demandas cotidianas de cuidado como fatores que motivaram a decisão pela internação na instituição.

4.2.18. Nível socioeconômico das famílias

A pesquisa registrou dados sobre a renda mensal, atividade profissional e o nível de escolaridade das famílias. As informações sobre esses indicadores foram extraídas exclusivamente do documento de anamnese dos sujeitos, presente nos prontuários. Vale ressaltar que, entre os dados coletados, esta categoria apresentou o menor índice de registros de informações nos documentos analisados.

4.2.18.1. Renda familiar

Em relação aos dados relativos à renda familiar, encontramos registros de informações em 70% dos prontuários. A Tabela 29 apresenta a distribuição encontrada.

Conforme evidenciado pelas informações contidas na Tabela 29, podemos perceber que o intervalo de renda mais recorrente em nossa amostra compreende o ganho mensal familiar entre um e dois salários mínimos.

Tabela 29 – Renda familiar

Renda familiar	%
Menos de 1 salário mínimo	2,50
Entre 1 e 2 salários mínimos	51,25
Entre 2 e 3 salários mínimos	7,50
Entre 4 e 5 salários mínimos	5,00
Mais de 5 salários mínimos	2,50
Sem resposta	31,25
Total	**100,00**

Fonte: Elaborada pela autora.

O Critério de Classificação Econômica Brasil (ABEP, 2019) segmenta e mensura as classes sociais a partir de parâmetros de nível de conforto, escolaridade e acesso a serviços públicos. Ao relacionarmos os dados da pesquisa à estimativa de renda familiar por classe econômica divulgada nesse documento, podemos dizer que, em nosso estudo, aproximadamente 54% das famílias apresentam renda correspondente à média de renda das classes D e E; 7,5% das famílias têm renda semelhante à classe C, e 7,5% das famílias correspondem à classe B.

Assim sendo, a pesquisa demonstra que a instituição atende de forma predominante, mas não exclusiva, a uma população de baixa renda.

4.2.18.2. Escolaridade e ocupação

A fim de investigar o perfil socioeconômico das famílias, a pesquisa reuniu dados sobre o nível de escolaridade e atividade profissional das mães e pais dos indivíduos acolhidos na instituição. A Tabela 30 e a Tabela 31 apresentam as informações acerca do grupo de mães dos sujeitos analisados.

Tabela 30 – Nível de escolaridade das mães

Escolaridade da mãe	%
Ensino Fundamental completo	3,75
Ensino Fundamental incompleto	22,50
Ensino Médio completo	17,50
Ensino Médio incompleto	0,00
Ensino Superior completo	11,25
Ensino Superior incompleto	1,25
Sem resposta	43,75
Total	100,00

Fonte: Elaborada pela autora.

O estudo identificou dados relacionados ao nível de escolaridade das mães em 56% dos casos analisados. Dentre estes, a categoria Ensino Fundamental incompleto demonstrou maior frequência de ocorrência, sendo registrada em 22,5% dos casos.

Os resultados da PNAD Contínua apontam que 33,1% da população com 25 anos ou mais de idade tinham, em 2018, o ensino fundamental incompleto e 52,6% não haviam completado a educação escolar básica nesse mesmo ano (IBGE, 2019a). Assim, vemos que o baixo índice de escolaridade pode ser observado em todo o contexto nacional, não sendo uma característica exclusiva das famílias estudadas. Apesar disso, vale destacar que diversos estudos no campo da Saúde Pública descrevem os fatores socioeconômicos como fundamentais ao cuidado materno. Sobre o nível de escolaridade, por exemplo, as pesquisas de Almeida et al. (2002) e Soares e Menezes (2010) apontam para uma maior taxa de mortalidade neonatal em mães com menor grau de instrução. Interessante notar que, tal como vimos em nosso estudo, o contexto das mães solo, isto é, mulheres que exercem sozinhas o cuidado com seus filhos, também é destacado como fator de vulnerabilidade pelas autoras.

Vale destacar, entretanto, que o perfil das mães encontrado em nosso estudo não é homogêneo em relação ao nível de escolaridade. Pudemos observar que em 11,25% dos casos as mães tinham nível superior completo.

Tabela 31 – Atividade profissional desenvolvida por mães

Ocupação da mãe	%
Falecida	16,25
Sem resposta	16,25
"Do lar"	15,00
Aposentada	12,50
Paradeiro ignorado	11,25
Prestação de serviço não especializado	8,75
Prestação de serviço especializado	8,75
Profissão com formação superior	7,50
Desempregada	3,75
Total	100,00

Fonte: Elaborada pela autora.

O levantamento sobre a ocupação profissional das mães evidenciou um dado relevante: 27,5% das mães estavam descritas como falecidas ou com paradeiro ignorado. Em relação à ocupação, o estudo encontrou ocorrência de 15% de mães que declararam sua ocupação como "do lar", 12,5% de mães aposentadas e 3,75% de mães desempregadas.

Ademais, vimos que 7,5% das mães exercem atividade profissional com formação de nível superior (odontologista, pedagoga, professora, advogada) e 8,75% atuam com prestação de serviços não especializados, como nos casos de: auxiliar de limpeza, babá, camareira, costureira, diarista, doméstica.

Além dessas atividades profissionais, encontramos 8,75% de mães que prestam serviços especializados como: fiscal de justiça, secretária, ajudante administrativa, servidora estadual, técnica e auxiliar de enfermagem.

Tabela 32 – Nível de escolaridade dos pais

Escolaridade do pai	%
Ensino Fundamental completo	5,00
Ensino Fundamental incompleto	20,00
Ensino Médio completo	10,00
Ensino Médio incompleto	1,25
Ensino Superior completo	11,25
Ensino Superior incompleto	3,75
Sem resposta	48,75
Total	100,00

Fonte: Elaborada pela autora.

O estudo encontrou informações sobre a escolaridade dos pais em 51% dos casos. Entre eles, de forma semelhante ao perfil encontrado nas mães, a categoria Ensino Fundamental incompleto demonstrou maior frequência de ocorrência, sendo registrada em 20% dos casos. Vale observar, entretanto, que 1,25% dos pais possui superior completo.

Tabela 33 – Atividade profissional desenvolvida por pais

Ocupação do pai	%
Prestação de serviço não especializado	18,75
Paradeiro ignorado	18,75
Sem resposta	17,50
Falecido	13,75
Aposentado	10,00
Profissão com formação superior	7,50
Prestação de serviço especializado	3,75
Desempregado	2,50
Representante comercial	1,25
Institucionalizado	1,25
Total	**100,00**

Fonte: Elaborada pela autora.

Em comparação com as atividades profissionais desenvolvidas pelas mães, pudemos observar maior variedade nas ocupações exercidas pelos pais. Encontramos 7,5% dos pais que exercem atividade profissional com formação de nível superior, tais como: administrador, advogado, médico, odontologista, procurador do Estado.

Vimos ainda que 3,75% dos pais prestam serviços especializados (técnico em refrigeração, eletricista, carpinteiro, chaveiro, metalúrgico, operador de manutenção) e 18,75% atuam com prestação de serviços não especializados, como ajudante geral, garçom, motorista, pedreiro, segurança, trabalhador com sucata, trabalhador rural e vendedor.

A partir do exposto, a pesquisa conclui que os dados coletados no estudo não são passíveis de uma análise fidedigna do perfil socioeconômico das famílias. Essa afirmação justifica-se, pois muitos usuários não tinham registros de informações nesta categoria. Ainda assim, aqueles que tinham tais registros apresentaram dados incompletos e desatualizados. Isso posto, as informações apresentadas não descrevem como um todo o perfil dos usuários, mas evidenciam algumas características.

Uma contribuição relevante deste levantamento foi, justamente, evidenciar que, embora a população atendida na instituição apresente majoritariamente baixa renda e nível de escolaridade, há famílias em boa condição econômica que também fazem uso desse serviço.

CAPÍTULO 5
ANÁLISE E DISCUSSÃO DOS RESULTADOS

A presente pesquisa realizou-se com o objetivo de identificar e descrever o perfil das instituições que prestam atendimento em regime de acolhimento institucional a pessoas com deficiência no Estado de São Paulo e aquilatar a amplitude e a importância atuais dessas entidades no campo da saúde mental infantojuvenil.

Para tanto, o estudo pautou-se em três principais questionamentos:

1. Quais são as instituições de acolhimento para pessoas com deficiência que atendem crianças e adolescentes no Estado de São Paulo? Como operam estas instituições e quais as práticas de cuidado por elas desenvolvidas?
2. Quais as características da população atendida?
3. Qual a dimensão, o papel e a importância das atividades dessas instituições, tendo por contraponto a rede pública, e qual seu alinhamento com a política nacional de saúde mental?

A análise dos resultados encontrados possibilitou-nos elaborar hipóteses e evidenciar informações acerca de tais questionamentos. Dessa forma, para concluir o estudo, apresentaremos considerações e recomendações formuladas a fim de responder às questões da pesquisa.

5.1. QUAIS SÃO AS INSTITUIÇÕES DE ACOLHIMENTO PARA PESSOAS COM DEFICIÊNCIA QUE ATENDEM CRIANÇAS E ADOLESCENTES NO ESTADO DE SÃO PAULO? COMO OPERAM ESTAS INSTITUIÇÕES E QUAIS AS PRÁTICAS DE CUIDADO POR ELAS DESENVOLVIDAS?

Pudemos observar que não há um cadastro único que congregue dados sobre todo o universo dessas instituições. As informações estão registradas de maneira fragmentada nos diferentes níveis de gestão e áreas de assistência (educação, saúde e assistência social). Assim, devido à diversidade de contratos, certificações, concessões e à falta de integração de informações entre os diferentes órgãos públicos, não foi possível neste estudo recolher informações sobre o número total dessas entidades, mas de apenas uma parcela deste universo, composta por 28 instituições localizadas no Estado de São Paulo, mas não necessariamente sob sua gestão.

A pesquisa encontrou aspectos recorrentes nas entidades pesquisadas e, a partir da análise dessas informações, foi possível reconhecer características de perfil institucional dos equipamentos que atendem, em regime de acolhimento, exclusivamente pessoas com deficiência no Estado de São Paulo. O estudo aponta como principais características:

5.1.1. Ausência de tipificação e regulamentação única

Pudemos constatar a ausência de tipificação única e regulamentação específica destinadas às instituições que atendem em regime de acolhimento exclusivamente às pessoas com deficiência no Estado de São Paulo. Assim, o universo dessas entidades compõe-se de forma heterogênea. Apesar de atenderem a uma mesma clientela em regime de acolhimento institucional, as instituições diferem entre si em relação a seus objetivos, previsões legais, formas de financiamento e convênio público.

Encontramos na pesquisa seis diferentes classificações atribuídas às instituições de acolhimento para pessoas com deficiência. São as seguintes: Hospital Especializado, Hospital Geral, Residência Inclusiva, Serviço de Acolhimento Institucional, Serviço de Acolhimento Institucional para Crianças e Adolescentes (SAICA) e Unidade de Apoio à Diagnose e Terapia.

A variedade nos tipos de serviços que oferecem assistência de longa permanência para pessoas com deficiência e a diversidade em suas formas de convênio com o setor público foram também demonstradas nos estudos de Paula (2008), Almeida (2012) e São Paulo (2017). Vale destacar que o aparelho judiciário, por meio da determinação de acolhimento em instituições desta natureza, contribui para a pluralidade nas formas de financiamento com o Estado.

Em nosso estudo vimos que 50% das instituições pesquisadas recebiam financiamento por meio de convênios com o poder público em algum nível de gestão, principalmente nas áreas da saúde e assistência social. Em contrapartida, aproximadamente 43%[31] das instituições

---

31. Não encontramos informações desta natureza em 7% das instituições pesquisadas.

declararam não possuir vinculação direta com o poder público, tendo suas ações subsidiadas por doações, atuação de trabalhadores voluntários, recebimento de verba por emenda parlamentar ou benefícios e investimentos oriundos do setor privado.

A pesquisa HRW (2018) investigou o mesmo perfil de instituições nos Estados da Bahia, Rio de Janeiro e São Paulo e apontou resultados semelhantes. De acordo com a pesquisa:

> Os governos estaduais e municipais administram algumas instituições para pessoas com deficiência, mas a maioria é administrada por organizações sem fins lucrativos. O financiamento de instituições provém de várias fontes, incluindo de estados e municípios, grupos religiosos, fundações privadas e indivíduos, inclusive de países estrangeiros. (HRW, 2018, p. 16)

Como resultante, pudemos observar que as instituições diferem em relação aos seus bens e recursos disponíveis. Enquanto algumas se beneficiam de importante repasse de verba do poder público, outras demonstram frágil estrutura financeira, com restrições de acesso a alimentos, itens básicos de cuidado e bens de consumo.

Além das diferenças em relação ao custeio e recursos, o estudo constatou que as instituições diferem também em relação às formas de funcionamento. Vimos que as entidades apresentam importante variação em relação à capacidade de atendimento e número de sujeitos acolhidos. Encontramos em nossa amostra tanto instituições de pequeno porte quanto grandes organizações, algumas delas até mesmo com mais de um serviço de acolhimento em operação.

Ademais, a pesquisa verificou que as instituições apresentam discrepância em relação ao quadro de recursos humanos e práticas de cuidado desenvolvidas. Esse fato decorre, principalmente, da variedade de classificações das instituições. Dependendo da tipificação atribuída à instituição, são definidas diferentes previsões legais e orientações técnicas. Por exemplo, um serviço tipificado como hospital especializado deve obrigatoriamente ter equipe multiprofissional e desenvolver práticas de cuidado voltadas à assistência em saúde. Em contrapartida, o SAICA está vinculado à área da assistência social e tem como exigência ter no quadro de funcionários um assistente social e um psicólogo. Assim, as práticas desenvolvidas nas instituições não seguem uma padronização; cada entidade desenvolve seu trabalho a depender de como está tipificada e das formas como estabelece convênio com o Estado.

Pudemos observar que algumas instituições desenvolvem atividades de reabilitação. Vimos, nesses casos, que as instituições promovem atendimentos grupais e individuais com a finalidade de proporcionar o desenvolvimento de habilidades. Além disso, algumas instituições oferecem atendimento às famílias e há, ainda, aquelas que executam práticas de assistência em saúde para sujeitos com comprometimento clínico que demandam procedimentos de enfermagem ou uso de equipamentos como sondas, por exemplo.

Entretanto, há também instituições que desenvolvem apenas atividades voltadas aos cuidados básicos dos sujeitos acolhidos. Nessas entidades, as práticas de cuidado destinam-se exclusivamente à realização de procedimentos de higiene e alimentação. Por fim, a admissão de trabalhadores voluntários contribui para a diversidade das práticas de cuidado, pois estas são desenvolvidas a depender da oferta e disponibilidades da atuação voluntária.

Desse modo, a ausência de tipificação e regulamentação específica para as instituições de acolhimento para pessoas com deficiência tem como efeito uma pluralidade nas formas de funcionamento e financiamento dessas entidades. De acordo com Paula (2008, p. 25), o que determina as reais diferenças entre as instituições é "a predominância do caráter religioso caritativo ou de unidade de saúde e o fato de se tratar ou de se considerar uma entidade pública, filantrópica ou privada.

Sendo assim, vemos que a diversidade nas formas de estruturação das instituições resulta na impossibilidade em estabelecer diretrizes para o cuidado e assistência exercidos nas instituições, o que, em última análise, prejudica os processos de desinstitucionalização e inclusão social dos sujeitos acolhidos. A pesquisa de Paula (2008) corrobora os resultados apresentados em nosso estudo e aponta ainda que a falta de tipificação e a variedade nos modos de conveniamento impossibilitam o reconhecimento da abrangência e atuação dessas instituições, bem como das características da população por elas atendida. Nas palavras da autora:

> A multiplicidade de vinculações dessas entidades com os órgãos públicos acaba por ocasionar uma grande dispersão de informações, a ponto de não sabermos sequer o número exato de instituições existentes e, muito menos, informações segundo seus tipos, ou a caracterização quantitativa e qualitativa da clientela atendida, bem como as formas de convênio, subvenções e auxílios existentes. (Paula, 2008, p. 23)

5.1.2. Definição de público atendido por diagnóstico

O estudo revela que as instituições de acolhimento para pessoas com deficiência subdividem-se em categorias por especialidades a partir do diagnóstico da clientela atendida. Assim sendo, da mesma forma como operavam os hospitais psiquiátricos, estas instituições estruturam-se em torno da "doença" dos acolhidos, tendo o diagnóstico como critério para a entrada na instituição e estruturação da assistência.

A particularização da clientela atendida em torno do diagnóstico foi fortemente criticada por movimentos em defesa da inclusão social nos campos da saúde mental e deficiência. Visto que, como bem destaca Lima (1998, p. 6), as instituições, que estruturam seu atendimento "a partir de uma problemática específica e trabalham com um grupo homogêneo do ponto de vista nosológico, apresentam um espaço de convivência empobrecido e restrito a seus usuários". Assim, a homogeneização da clientela por tipo de diagnóstico prejudica a diversidade de experiências e contribui para a segregação dos sujeitos acolhidos, na medida em que reduz a convivência a um espaço institucional, "onde não há diversidade de modelos comportamentais" (Lima, 1998, p. 7). Dessa forma, ainda segundo a autora, as instituições "funcionam como 'guetos', reforçando a marginalização social, cultural e política" (p. 5).

Esta característica de funcionamento das instituições de acolhimento para pessoas com deficiência também foi observada nos estudos de Nallin (1992), Paula (2008), Almeida (2012) e São Paulo (2017). De acordo com Paula (2008, p. 20), "as próprias instituições se autodefinem e, portanto, também criam os critérios que as pseudodiferenciam". Dessa forma, vale observar que as instituições mantêm seu caráter asilar a despeito do diagnóstico da população atendida.

5.1.3. Longa permanência e falta de articulação com a rede intersetorial

Os resultados apresentados na presente pesquisa, somados àqueles publicados nos estudos de Nallin (1992), Paula (2008), CIESPI (2008), Ricardo (2011), Almeida (2012), São Paulo (2017) e HRW (2018), apontam que as internações nessas instituições têm longa duração, assumindo, na maioria dos casos, caráter perene. De acordo com Paula (2013, p. 3), não há "perspectiva de saída para a clientela ali internada, até mesmo porque esse processo de institucionalização acaba por desvincular de vez os possíveis laços familiares e comunitários existentes".

Além disso, conforme exposto no item 5.2.11, pudemos constatar pouca interlocução e compartilhamento de práticas de cuidado entre a entidade pesquisada e a rede pública de atenção. Vimos, em nosso estudo, que os sujeitos acolhidos não estão inseridos em serviços territoriais voltados ao atendimento em saúde mental e deficiência e tampouco se beneficiam de atendimento em equipamentos nas áreas da educação e assistência social. Assim, as intervenções e práticas de cuidado são realizadas no interior da instituição, com exceção de atendimentos ambulatoriais em especialidades médicas, realizados pontualmente em serviços externos à instituição.

Importante salientar, entretanto, que este modo de operacionalização do cuidado não se restringe apenas à instituição pesquisada. Os estudos de Paula (2008), CIESPI (2008), Ricardo (2011), Almeida (2012), São Paulo (2017) e HRW (2018) indicam a falta de articulação com a rede territorial e intersetorial e a ausência de práticas de desinstitucionalização como características de funcionamento recorrentes em todo o universo das instituições de acolhimento para pessoas com deficiência. À vista disso, o acolhimento nas instituições tem como consequência a restrição de circulação ao espaço institucional e o impedimento da participação social e exercício da cidadania. Em outras palavras, podemos dizer que as práticas de cuidado desenvolvidas nas instituições, ao contrário de possibilitarem a desinstitucionalização por meio da inclusão social e do fortalecimento de vínculos familiares e comunitários, contribuem para a cronificação e institucionalização dos sujeitos acolhidos, na medida em que a internação representa o apartamento do convívio social e a impossibilidade de acesso a direitos.

Considerando-se esses dados, pode-se observar que as instituições de acolhimento para a pessoa com deficiência apresentam a mescla assistencial. Isto é, uma das principais características da rede asilar para deficiência é "a fusão dos dispositivos do abrigo e do hospital psiquiátrico, verificando-se uma interligação entre as práticas de asilamento oriundas do campo da Assistência Social e da Saúde" (Almeida, 2012, p. 85).

Podemos ainda observar que as instituições de acolhimento para pessoas com deficiência se caracterizam como instituições asilares com funcionamento semelhante às "instituições totais" descritas por Goffmann, nas quais o "caráter total é simbolizado pela barreira à relação social com o mundo externo" (Goffmann, 2015, p. 16). Dessa forma, conforme salienta Ciampone (1996, p. 311), essas instituições assumem caráter de custódia e submetem os sujeitos acolhidos a viver "em regime de internato, em um lugar único, sob uma única autoridade, sujeitos às normas, regras e aos horários estabelecidos para o cumprimento de uma mesma rotina diária".

Vale destacar uma importante constatação do estudo que corrobora a afirmação da autora. Pudemos observar que, embora as instituições ofereçam assistência individualizada, é comum, no funcionamento institucional, a aplicação de regras gerais que se sobrepõem às demandas específicas dos sujeitos acolhidos. Vimos, por exemplo, que muitas instituições têm uma rotina única para todos os acolhidos e períodos fixos e restritos para a visita de familiares. Tal prática sugere assim que os desejos e habilidades individuais dos acolhidos, bem como seu contexto familiar, não sejam considerados e atendidos pelo cotidiano institucional. Além disso, pudemos constatar que algumas instituições generalizam práticas de cuidado como, por exemplo, a realização de depilação íntima ou uso de complemento vitamínico.

Pode-se dizer, portanto, que as instituições de acolhimento para pessoas com deficiência evidenciam "situações semelhantes às observadas nos manicômios, onde o querer individual é relevado em favor de atividades gerais padronizadas" (Ciampone, 1996, p. 312). O estudo de Paula (2013, p. 1) destaca que, nessas instituições, "a rotina institucional surge, claramente, como exercício do poder, segregação e exclusão, lembrando o hospital medieval, e em oposição às instituições contemporâneas de reabilitação".

A partir do exposto, podemos constatar que as instituições de acolhimento para pessoas com deficiência atuam em dissonância às diretrizes das políticas públicas de atenção nos campos da saúde mental e da deficiência, configurando-se como "instituições de tratamento e/ou proteção social que submetem seus internos a regimes de privação de liberdade e imposição de rotinas que apresentam efeitos danosos para o bem-estar físico e psíquico" (Delgado, 2012, p. 193).

Em decorrência disso, a presente pesquisa defende ser fundamental incluirmos o tema das instituições de acolhimento para pessoas com deficiência na agenda de discussões no campo da saúde mental, a fim de contribuir para a superação das práticas asilares de cuidado e efetivação das políticas públicas de inclusão e garantia de direitos. O estudo de Almeida (2012, p. 27) corrobora essa afirmação ao destacar ser "necessário construir um campo de reflexão e análise que possa introduzir este tema no âmbito das políticas públicas". Conforme apontado neste estudo, o caráter filantrópico – somado ao hibridismo assistencial das instituições de acolhimento para pessoas com deficiência – resultou no esquecimento dessa população pelas políticas públicas e pelos movimentos sociais de garantia de direitos.

5.2. QUAIS AS CARACTERÍSTICAS DA POPULAÇÃO ATENDIDA?

O estudo realizou um detalhado levantamento de informações sobre as características da população de sujeitos acolhidos em uma instituição específica. Vale lembrar, entretanto, que as informações sobre o perfil dos sujeitos acolhidos produzidas neste estudo não são representativas do universo total das instituições. Apesar disso, considerando a dificuldade de acesso a dados nestas instituições, as informações sobre o perfil de clientela levantadas na pesquisa são relevantes, pois evidenciam indícios de uma população há décadas esquecida nas instituições e sobre a qual pouco se sabe. Isso posto, as informações sobre o perfil dos acolhidos não nos servirão como respostas, mas como "guias", isto é, norteadores para subsidiar novas pesquisas capazes de desvelar o universo de moradores em instituições de acolhimento para pessoas com deficiência.

Os dados do perfil dos acolhidos na instituição pesquisada estão apresentados no item 5.2 do estudo. Vamos nos deter, neste momento, em considerações sobre a população alvo da pesquisa, que compreende as crianças e adolescentes internados em instituições de acolhimento para pessoas com deficiência.

Primeiramente, a pesquisa encontrou o diagnóstico de Transtornos Globais do Desenvolvimento (F84) como predominante entre as crianças e adolescentes, registrado em 96% dos casos.

O estudo constatou ainda que a instituição abriga, concomitantemente, adultos e crianças no mesmo espaço institucional. Vimos que, no momento da realização da pesquisa, 5% dos casos de sujeitos acolhidos tinham idade menor de 18 anos. Além disso, ao analisarmos a idade dos acolhidos no momento da internação na instituição, vimos que 34% dos sujeitos entraram na instituição durante o período da infância ou adolescência e permaneceram institucionalizados após a idade adulta.

O acolhimento no mesmo espaço institucional para adultos e crianças foi constatado em outras instituições de acolhimento para pessoas com deficiência, conforme exposto nos estudos de CIESPI (2008), Ricardo (2011), Almeida (2012), São Paulo (2017) e HRW (2018). Esse resultado evidencia-nos situações de violação dos direitos das crianças e adolescentes em diversas instituições. Isso porque o acolhimento institucional desta população, quando determinado, deve ocorrer em serviços específicos ao atendimento deste público. Resende (2008) descreve situações de exceção nas quais o tratamento de crianças e adultos no mesmo ambiente pode ser determinado. De acordo com a autora, esta determinação deve ocorrer se:

> Sopesados todos os aspectos que levem ao menor gravame possível na situação concretamente considerada, vez que de um lado da balança, está a peculiaridade da fase de desenvolvimento da criança e a necessidade de sua prioritária proteção, e do outro, o direito a uma intervenção terapêutica não excludente. (Resende, 2008, p. 131)

Isso posto, o estudo destaca a importância de lançarmos luz sobre as instituições que atendem simultaneamente a adultos e crianças, a fim de compreender se esta prática ocorre apenas em casos de exceção, visando à garantia de assistência ou se, pelo contrário, tornou-se uma prática comum que acarreta violações de direitos.

Para compreendermos os fatores que levaram à institucionalização das crianças e adolescentes na instituição pesquisada investigamos o percurso institucional, agentes encaminhadores e motivos que levaram ao acolhimento, pois segundo Paula (2013, p. 4), para compreender os fatores que sustentam a prática asilar é necessário "questionar porque foi esta a alternativa engendrada pela sociedade, e porque se reveste de única possibilidade".

Em relação aos motivos de encaminhamento para a internação na instituição, encontramos como principais queixas, tanto no grupo de adultos quanto no grupo de crianças e adolescentes, a descrição de dificuldade em exercer o cuidado cotidiano e ausência de responsáveis. A "ausência de responsáveis", entretanto, evidencia-se com maior frequência no grupo de sujeitos acolhidos no período da infância ou adolescência; além disso, o abandono familiar é mais comum neste grupo em comparação ao dos adultos.

A análise das informações coletadas no estudo sobre os agentes encaminhadores possibilitou-nos reconhecer características importantes sobre o percurso institucional trilhado pelas crianças e adolescentes até o momento da internação na instituição. Apresentaremos a seguir os principais percursos institucionais e agentes encaminhadores encontrados.

5.2.1. Percurso 1: O caminho das internações por determinação judicial

A pesquisa revela que, em 30% dos casos, o acolhimento das crianças e adolescentes foi realizado por meio de determinação judicial de internação. Pudemos perceber, nesses casos, os seguintes fatores apontados como justificativa ao acolhimento: vulnerabilidade social da família, negligência de cuidados, falta de acesso ao tratamento, precário suporte familiar e situações de abandono. No caso de sujeitos oriundos de SAICAs, os serviços justificam o encaminhamento pela falta de recursos materiais, ausência de capacitação e insuficiência de profissionais para dar assistência às necessidades especiais do acolhido.

Isso posto, podemos reconhecer que a prática da internação de crianças e adolescentes em instituições de acolhimento para pessoas com deficiência persiste como recurso do poder judiciário para a resolução de situações complexas que envolvem demandas de diversas áreas, além da saúde mental e deficiência.

A determinação de internação de crianças e adolescentes por ordem judicial foi também constatada em hospitais psiquiátricos como uma prática que, progressivamente, tornou-se mais recorrente (Bentes, 1999; Scileski, 2006; Cunda, 2011; Blikstein, 2012; Joia, 2014). De acordo com Cunda (2011), as internações por mandado judicial nestas instituições resultam de uma junção entre o abandono, a doença mental e a delinquência. Vemos que as situações de vulnerabilidade social passam a contribuir para a institucionalização, na medida em que são entendidas, sob a lógica da patologização, como distúrbio ou perigo (Oliveira et al., 2018).

Estudos que abordam a temática da internação compulsória de crianças e adolescentes corroboram estes dados e apontam que, muitas vezes, as internações não decorrem de demandas terapêuticas, mas sim da necessidade de controle, abrigamento ou contenção desta população (Joia, 2014; Scileski, 2008). Esse fato indica-nos que os pressupostos da proteção e direito à saúde desta população podem servir como pretexto para uma prática de controle social arbitrário.

Resende (2008) analisa os aspectos legais das internações de crianças e adolescentes e descreve situação semelhante. Nas palavras da autora:

> O Sistema de Justiça, ao responder a essa provocação social, age, muitas vezes, em sentido diametralmente oposto à inclusão e ao resgate do projeto de vida desses meninos, movimentando-se, com maciça prevalência e imbuído de um gigantesco engano, no sentido de buscar as formas julgadas mais 'eficazes' e 'instantâneas' de 'recuperação', e que repetem, não por acaso, o mesmo modelo segregacionista e excludente de que sempre foram vítimas aqueles que se pretende, agora pela caneta do Estado-Juiz, 'tratar' ou 'recuperar'. (Resende, 2008, p. 106)

Dito isso, vemos que a ação do sistema judiciário pode, ao contrário de garantir direitos, proporcionar práticas de exclusão e perpetuar a existência de serviços asilares de abrigamento e tutela para crianças e adolescentes com transtornos/deficiência mental. De acordo com Leite (2011, p 72), "sob a prerrogativa de garantir a efetivação de alguns direitos, como o do acesso a cuidados básicos e tratamentos de saúde, por exemplo, não raras vezes a institucionalização viola o direito fundamental de crianças à convivência familiar".

Dessa maneira, o enfrentamento às violações de Direitos Humanos decorrentes da institucionalização de crianças e adolescentes em instituições asilares depende, necessariamente, da ampliação do debate e da articulação de ações entre o campo da assistência e o aparelho judiciário. Conforme salienta Almeida (2012, p 158), a importância de investigarmos a relação entre estes campos nos possibilita mais do que compreender um "simples fluxo normativo entre as instituições, estabelecido por parâmetros legais, mas identificar os sistemas de disciplinas que regem a sociedade".

Os serviços jurídicos e assistenciais, embora apresentem diferentes níveis de hierarquia em relação a tomadas de decisões, não devem ser, isoladamente, responsabilizados pela internação de crianças e adolescentes em instituições desta natureza. Observa-se que a institucionalização decorre da forma como se estabelece a relação intersetorial e não, exclusivamente, da ação isolada de um serviço. Assim, de acordo com Almeida (2012, 158), podemos dizer que a prática da internação judicial de crianças e adolescentes em instituições de acolhimento para pessoas com deficiência revela

> uma intrincada relação entre as disciplinas mantenedoras da ordem social, assim como a constituição de uma rede de proteção à criança e ao adolescente demarcada por hierarquias e por responsabilidades diferenciadas segundo os segmentos e as posições jurídicas em seu interior.

Assim, para a efetivação do cuidado em liberdade e a consolidação das políticas públicas de inclusão no campo da saúde mental infantojuvenil, torna-se fundamental que avaliemos a lógica das ações e práticas que operam neste campo na atualidade. Como bem salienta Couto (2004, p. 5):

> Qualquer tentativa de transformação que se pretenda efetiva no campo da saúde mental terá que colocar em discussão a tradição

naturalizada do exercício da tutela. (...) Transformar, neste caso, é mais do que construir novas modalidades de serviços para o cuidado de crianças e adolescentes no campo da atenção psicossocial; é, fundamentalmente, rever e reescrever as fundações conceituais do exercício da tutela, sem o quê tudo terá sido inócuo.

A pesquisa demonstra, portanto, que as instituições asilares para pessoas com deficiência, apesar dos avanços legislativos, se perpetuam também em função do encaminhamento de sujeitos a estes serviços por determinação judicial. Dito isso, consideramos que os pesquisadores e trabalhadores do campo da saúde mental infantojuvenil têm uma tarefa crucial: estabelecer diálogo com o poder judiciário, a fim de problematizar a determinação de internação e, junto a ele, desenvolver ações intersetoriais que a substituam.

Por fim, vale destacar a afirmação de Delgado (2000), que aponta para "um mal-entendido da Justiça" nos casos em que determina a internação "sem talvez interrogar-se devidamente se aquela medida será terapêutica, se vai mesmo beneficiá-los, se não será apenas uma maneira de tirar da sala de visitas um imenso problema para o qual não existem soluções simples, monoinstitucionais, reducionistas" (Delgado, 2000, p. 15).

5.2.2. Percurso 2: O caminho das múltiplas internações

A pesquisa constatou que entre o grupo de sujeitos acolhidos na instituição durante o período da infância e adolescência, 16% foram encaminhados por hospitais psiquiátricos e 12% por outras instituições de acolhimento para pessoas com deficiência. Desse modo, vemos que 28% das crianças e adolescentes internados já haviam sido submetidos à internação pregressa em instituições asilares. Isso posto, o estudo demonstra importante fluxo de encaminhamentos e reencaminhamentos entre diversas instituições de acolhimento e internação.

Somados a estes casos, encontramos 14% de sujeitos encaminhados por SAICAs ao acolhimento na instituição. Este dado salienta situações em que a medida protetiva de acolhimento institucional resultou na internação permanente em instituição de acolhimento para pessoas com deficiência, embora o asilamento perene não seja uma prática condizente ao ECA e às diretrizes das políticas públicas em saúde mental e deficiência.

Demais pesquisas também apontam para o fato de que, muitas vezes, a medida protetiva de acolhimento institucional para crianças e adolescentes com transtorno mental/deficiência, em vez de garantir-lhes os direitos ao cuidado e à convivência familiar e comunitária com vistas a oferecer oportunidades para o desenvolvimento integral, sucede em asilamento e exclusão social (CIEPSI, 2008; Leite, 2011; Ricardo, 2011; Almeida, 2012).

Vale lembrar que o acolhimento institucional deve ocorrer como medida protetiva de caráter transitório e excepcional, estando sempre aliado a ações que promovam o fortalecimento de vínculos familiares e comunitários. Isto é, como medida de proteção, o acolhimento institucional não pode contribuir para violações de direitos, como situações de abandono, privação de liberdade ou afastamento do convívio e participação social. Ocorre, entretanto, que, segundo Leite (2011, p. 199), a provisoriedade da medida de abrigamento "fica comprometida, já que não se vislumbra a possibilidade de intervir nos motivos que conduziram a ele".

Couto (2000) destaca ainda que a própria dinâmica das instituições pode comprometer a transitoriedade da medida, pois, ao conceberem a deficiência como incapacitante e as famílias como incapazes, assumem o encaminhamento para instituições especializadas para pessoas com deficiência como a única medida adequada.

O estudo aponta para a urgência e necessidade em efetivar ações que visem à garantia de direitos das crianças e adolescentes com transtorno ou deficiência mental submetidos à medida de acolhimento institucional e, além disso, ratifica a afirmação de Almeida (2012) de que o tema tem pouca visibilidade, tornando fundamental a realização de pesquisas sobre esta população.

A partir destes resultados, a pesquisa exibe uma constatação relevante sobre o perfil das crianças e adolescentes submetidos à internação na instituição. Vimos que, somados os sujeitos encaminhados por instituições de acolhimento e internação, 42% das crianças e adolescentes já se encontravam institucionalizados em SAICAs, hospitais psiquiátricos ou instituições de acolhimento para pessoas com deficiência em período anterior à entrada na instituição.

Ao investigarmos sobre a duração das internações e acolhimentos anteriores, pudemos constatar que estes sujeitos, além de apresentarem internações em múltiplas instituições, registram longos períodos de vivência institucional mesmo antes do acolhimento na instituição pesquisada. A longa permanência de crianças e adolescentes com deficiência no espaço asilar foi também demonstrada em outras instituições nos Estados de São Paulo, Rio de Janeiro, Bahia e Paraná (CIEPSI, 2008; Ricardo, 2011; Almeida, 2012; Cubas, 2016; São Paulo, 2017; HRW, 2018).

Além disso, a pesquisa expõe outro resultado relevante: dentre a população total de sujeitos acolhidos, 56% dos casos apresentaram registro de internação em instituição asilar durante o período da infância e adolescência. O estudo aponta também para a continuidade das internações em hospitais psiquiátricos e instituições especializadas como prática de assistência para crianças e adolescentes no campo da saúde mental e deficiência.

Fica evidente, portanto, que as instituições de acolhimento para pessoas com deficiência, ainda atualmente, figuram como atores importantes no circuito institucional da infância e adolescência. Vimos que uma importante parcela das crianças e adolescentes institucionalizados apresenta uma trajetória de reinternações e transferências entre diversas instituições asilares.

Podemos observar um fenômeno também descrito nos estudos de Bandeira (1991), Oliveira e Conciani (2008), Barrígio (2010), Guljor (2012) e Oliveira et al. (2018), que consiste na transinstitucionalização, isto é, a substituição da internação psiquiátrica por outros modos de institucionalização em serviços especializados. Sobre esse aspecto, Rotelli et al. (2001, p. 23) destacam que "a 'estática' da segregação em uma instituição separada e total foi substituída pela 'dinâmica' da circulação entre serviços especializados e prestações pontuais e fragmentadas". Assim, como efeito da transinstitucionalização, pudemos observar o fluxo de uma "população que passava a girar de uma instituição para outra" (Barrígio, 2010, p. 36).

Desse modo, em analogia com a imagem da Nau dos Insensatos, podemos dizer que há um contingente de crianças e adolescentes que navega, sem destino definido, entre diversas instituições asilares. Nas palavras de Couto (2004, p. 62):

> Crianças e adolescentes diagnosticados como autistas ou psicóticos são encontrados peregrinando em busca de atendimento

especializado, sem que os localizem. 'Peregrinos de lugar nenhum', frequentemente se veem submetidos a métodos pedagógicos de controle de suas condutas bizarras ou, ainda, à excessiva medicalização, com consequências devastadoras para sua existência.

Vale salientar ainda que a análise dos casos demonstra que as transferências e reinternações das crianças e adolescentes não foram determinadas com o objetivo de responder a estratégias de desinstitucionalização ou territorialização do cuidado. De modo contrário, estas ocorreram numa cadeia contínua de encaminhamentos e reencaminhamentos entre os órgãos públicos e as instituições que, em decorrência da desarticulação de suas práticas, tiveram como resultado o asilamento e a cronificação dos usuários. Como bem salientam Vicentin et al. (2015, p. 14), as internações e acolhimentos encarregam-se daquilo que excede as respostas dos "setores sanitários, assistenciais e judiciais".

Assim, de acordo com Leonardis (1998), a cadeia contínua de encaminhamentos pode ser compreendida como um circuito que exerce a função de administração de resíduos institucionais. As respostas seletivas e fragmentadas produzidas no circuito resultam em uma "espiral de cronificação" marcada por uma mescla de controle social e abandono. O circuito faz a gestão e ao mesmo tempo perpetua seu resíduo institucional como "um mecanismo que alimenta os problemas e os torna crônicos" (Rotelli et al., 2001, p. 23).

Desse modo, o funcionamento desta cadeia contínua no campo da saúde mental infantojuvenil deflagra, segundo Oliveira et al. (2018, p. 239), situações nas quais crianças e adolescentes "tornam-se objeto total de tutela ou ingressam em circuitos que os produzem como resíduos institucionais; efeito da desresponsabilização e do abandono das próprias instituições que deveriam ser garantidoras e promotoras de direitos".

A noção de circuito de cronificação nos parece fundamental para compreender o percurso institucional trilhado por uma parcela das crianças e adolescentes internados na instituição pesquisada. Vimos que as diversas situações de acolhimento e internação deste grupo de crianças e adolescentes foram fruto e, ao mesmo tempo, produziram violação de direitos e desassistência no cuidado. Conforme destaca Lisboa (2013, p. 12), o "circuito de cronificação do sofrimento e das relações institucionais de cuidado (...) funciona como vetor, centrípeto, que aponta para a segregação deste resíduo institucional". Logo, o funcionamento em circuito não integra ações capazes de produzir transformações na vida dos sujeitos e mudanças na rede assistencial e, desse modo, tem como resultado a exclusão social (Blikstein, 2012).

Vemos, portanto, que as instituições de acolhimento para a pessoa com deficiência apresentam importante atuação no campo da saúde mental infantojuvenil, como um local de escoamento do circuito por meio da internação dos indivíduos considerados desadaptados ou "intratáveis" (Rosa e Vicentin, 2010), mantendo a função manicomial viva, a despeito dos direitos desta população.

5.2.3. Percurso 3: o caminho da desassistência

A pesquisa revela que, dentre os sujeitos submetidos à internação na instituição durante o período da infância e adolescência, 24% foram encaminhados por órgãos de gestão ou serviços da rede pública e 14% por solicitação de familiares. Encontramos, por meio da análise desses casos, um aspecto comum no percurso institucional trilhado pelos sujeitos e suas famílias: a desassistência da rede pública.

Vimos uma trajetória semelhante que começa com a exclusão dos sujeitos dos equipamentos da rede regular de ensino e, como resultante, as famílias recorrem a escolas especializadas. Ocorre, entretanto, que estes não são serviços de base territorial e muitas vezes apresentam situação de superlotação. Assim, algumas famílias não dispõem de serviços desta natureza em seu território e enfrentam dificuldade no deslocamento cotidiano; outras permanecem durante longo período em filas de espera. Há ainda casos de sujeitos que são impedidos de acessar estes serviços por não se enquadrarem ao perfil de clientela atendido, como nos casos de sujeitos com comprometimentos graves e comportamentos de agressividade. Desse modo, as crianças e os adolescentes são privados de seu direito ao acesso à educação e têm sua permanência restrita ao contexto familiar.

Em relação à atenção em saúde vemos que, majoritariamente, os sujeitos não eram assistidos por serviços territoriais como CAPSi (Centro de Atenção Psicossocial Infantojuvenil) ou CER (Centro Especializado em Reabilitação), mas exclusivamente em serviços ambulatoriais. Vale destacar que muitos serviços ambulatoriais de assistência a esta população pertencem à rede filantrópica ou particular e, assim sendo, também não são territorializados. Salientamos esse fato porque encontramos no relato de muitas famílias a longinquidade desses serviços como um fator dificultador ou até impeditivo para acesso ao tratamento.

O percurso 3 revela-nos que a institucionalização de crianças e adolescentes é favorecida pela ausência de serviços de atenção territorial em saúde mental e deficiência para a população infantojuvenil. Ao analisarmos especificamente a rede assistencial para sujeitos com Transtorno do Espectro Autista (TEA), principal diagnóstico das crianças e adolescentes acolhidos, vemos que a manutenção da prática de internação para esta população está diretamente relacionada "a carência e/ou ausência de prestação de serviços para pessoas com autismo" (Lima, 1998, p. 7). De acordo com a autora, a defasagem na assistência ofertada aos sujeitos portadores de autismo e suas famílias tem como consequências o abandono, a exclusão social e a validação de serviços asilares como forma de tratamento (Lima, 1998).

A defasagem na rede de atenção em saúde mental à infância e adolescência está também descrita nos estudos de Garcia et al. (2015), Oliveira e Miranda (2015) e Avellar e Ronchi (2010), que apontam para a escassez e a má distribuição dos serviços de atenção psicossocial voltados à infância e adolescência, embora haja "dados de pesquisas nacionais que confirmam a alta prevalência de transtornos mentais nessa faixa etária" (Oliveira e Miranda, 2015, p. 100). Diante disso, a pesquisa sublinha ser urgente que ações sejam tomadas pelo poder público para garantir a implantação dos serviços territoriais substitutivos de atenção em saúde mental/deficiência à infância e adolescência.

Por fim, pudemos observar nos relatórios de entrada na instituição que são raras as descrições de ações intersetoriais tomadas antes do encaminhamento para a internação. Torna-se evidente, portanto, a desarticulação dos serviços públicos para a infância e adolescência. Assim, a pesquisa adverte que a consolidação de uma rede intersetorial de assistência é fundamental para fornecer respostas condizentes às necessidades das crianças e adolescentes e não os submeter a práticas de asilamento e exclusão social.

Além das características dos acolhidos evidenciadas nos percursos institucionais aqui explicitados, o estudo revela outra constatação. Pudemos observar que as crianças e adolescentes institucionalizados não representam um único perfil de clientela, isto é: apesar de compartilharem contextos e características comuns, as crianças e adolescentes compõem um grupo heterogêneo em relação ao contexto social, econômico e de condição de saúde.

A pesquisa pôde reconhecer que as crianças e adolescentes, apesar de possuírem o diagnóstico de autismo, apresentam diferentes níveis de comprometimento em saúde. Em outras palavras, alguns apresentam autonomia parcial ou total nas AVD e desenvolveram habilidades de comunicação. Entre estes, vimos casos de sujeitos não verbais e verbais e também de sujeitos alfabetizados.

Em contrapartida, o estudo encontrou crianças e adolescentes classificados nos prontuários como casos graves. Nessas situações, os registros descrevem sujeitos com severo comprometimento social e de comunicação, alto grau de dependência para a realização das AVD e episódios de agitação e agressividade.

De maneira similar, a pesquisa constatou discrepâncias em relação à conjuntura familiar e social das crianças e adolescentes acolhidos. Encontramos sujeitos oriundos de contextos de pobreza e vulnerabilidade social e também situações de negligência e maus-tratos. Somados a estes, encontramos casos de abandono familiar que apontam sujeitos oriundos de grave condição social. Contudo, deparamo-nos também com sujeitos pertencentes a famílias de classes média e alta, com situação socioeconômica estável e alto nível de escolaridade dos responsáveis.

A variabilidade dos motivos para a internação e das características da população decorre, de acordo com Almeida (2012), da própria natureza híbrida da institucionalização de crianças e adolescentes nestas instituições, que congregam demandas de cuidado em saúde e demandas do campo da assistência social e educação. Assim, a internação de crianças e adolescentes em instituições de acolhimento para pessoas com deficiência é resultado de uma conjugação de complexas demandas que não são atendidas pela rede intersetorial em decorrência da fragilidade de sua implantação ou desarticulação.

5.3. QUAL A DIMENSÃO, O PAPEL E A IMPORTÂNCIA DAS ATIVIDADES DESSAS INSTITUIÇÕES, TENDO POR CONTRAPONTO A REDE PÚBLICA, E QUAL SEU ALINHAMENTO COM A POLÍTICA NACIONAL DE SAÚDE MENTAL?

Primeiramente, vale ressaltar que a pesquisa adotou como objeto de estudo apenas uma das práticas exercidas pelo amplo campo das instituições filantrópicas. O terceiro setor é reconhecidamente uma importante área de atuação no campo da deficiência, ofertando diversas ações e práticas relevantes de reabilitação. De acordo com Paula (2013, p. 9), "a articulação entre a ciência e a filantropia é uma das características da instituição voltada às pessoas com deficiência. Essa articulação pode dar-se de diferentes formas, particularizar-se nas diversas instituições concretas". Sendo assim, o presente estudo não investiga a atuação do terceiro setor no campo da saúde mental e deficiência, mas analisa, especificamente, a prática do acolhimento institucional em instituições asilares para pessoas com deficiência, exercida pelo campo da filantropia.

A institucionalização de crianças e adolescentes com deficiência ou transtornos mentais, como vimos, constituiu-se historicamente como prática de cuidado desde o início da estruturação do campo da saúde mental infantojuvenil no Brasil. O presente estudo constatou que, apesar dos avanços legislativos em relação ao cuidado e atenção em saúde mental e deficiência, a prática da internação em instituições de acolhimento para pessoas com deficiência persiste, até mesmo para a população de crianças e adolescentes. Como bem salienta Leite (2011, p. 71), "a demanda por abrigar ainda persiste, especialmente quando nos referimos à especificidade de crianças e adolescentes que apresentam deficiência e/ou transtorno mental e que, por isto, possuem necessidades diferenciadas e requerem cuidados e tratamentos especializados".

A manutenção dessa prática, entretanto, não deve ser considerada como responsabilidade ou produto somente das instituições que a promovem, devendo "ser explicada pelo papel social depositado na instituição, pela própria sociedade, de exercer mecanismos para adaptar, normatizar e disciplinar condutas, tendendo a uma homogeneidade social aparente" (Ciampone, 1996, p. 316). Assim sendo, a permanência das práticas de asilamento e a sustentação de suas instituições estão legitimadas por uma complexa trama entre diferentes atores e discursos. Isto é, a lógica manicomial apoia-se em "valores compatíveis com a organização social, em suas construções simbólicas" (Almeida, 2012, p. 152).

À vista disso, vale lembrar que a concepção e significações em torno da deficiência assemelham-se àquelas atribuídas à loucura. De acordo com Ciampone (1996, p. 312), "ambos os grupos são considerados contraventores das normas sociais, improdutivos, sendo marginalizados da sociedade". Vemos que a prática asilar nas instituições de acolhimento para pessoas com deficiência mantém-se em função de uma "concepção de periculosidade e de intratabilidade das deficiências" (Almeida, 2000, p. 106). Em relação às crianças e adolescentes, podemos dizer que, ao considerarmos os transtornos mentais e deficiências como incapacitantes e a infância como um período que deve ser tutelado, o encaminhamento para instituições de acolhimento engendra-se como uma prática adequada "para proteger as crianças das vicissitudes de sua incapacidade, e resguardar a sociedade do convívio com seus desviantes" (Couto, 2000, p. 66).

Podemos dizer que o acolhimento em instituições para pessoas com deficiência revela, de acordo com Paula (2013, p. 10), "a instituição da incapacidade social, tanto dos indivíduos internados, quanto da sociedade, de manter uma relação que não a da exclusão e segregação". Dessa forma, a institucionalização responde à administração do resíduo institucional produzido num circuito que, ao desprover alguns de seus direitos, cria para os sujeitos e suas famílias a necessidade da internação ou, melhor dizendo, impõe a "necessidade da existência de outro espaço que, no seu limite, recolha os excluídos" (Paula, 2013, p. 12).

Vale lembrar que as diretrizes das políticas públicas em saúde mental e deficiência, somadas aos importantes avanços legislativos em relação à infância e adolescência, contribuíram de maneira fundamental para a diminuição das práticas de asilamento e modificação nas concepções de direitos e assistência. O estudo constatou, entretanto, que as políticas de inclusão não alcançam na atualidade a população total. Isto é, uma parcela das crianças e adolescentes tem ainda a internação determinada por representarem "aqueles que não são ou deixaram de ser capazes de viver em sociedade" (Paula, 2013, p. 2).

Dessa maneira, para que avancemos na construção de políticas de inclusão e práticas de desinstitucionalização, devemos justamente tomar como objeto de estudos e intervenções este grupo que permanece excluído, alheio a todas as mudanças das políticas públicas. Em outras palavras, as demandas de crianças e adolescentes institucionalizados evidenciam aspectos das relações institucionais e, portanto, devem ser investigadas e tomadas como guias para a implantação de serviços e efetivação de práticas de atenção capazes de "abarcar a diversidade das formas pelas quais a deficiência mental e/ou o transtorno mental podem incidir na vida de crianças e adolescentes" (Leite, 2011, p. 120).

Diante disso, apresentaremos a seguir considerações sobre fatores observados no estudo, que contribuem para as internações de crianças e adolescentes em instituições de acolhimento para pessoas com deficiência.

5.3.1. Vácuo assistencial

O vácuo assistencial para crianças e adolescentes nos campos da saúde mental e deficiência foi apontado, como vimos, em diversos estudos e documentos federais (Brasil, 2005; 2010; 2014a). A presente pesquisa corrobora estes dados e revela ainda que a morosidade na efetivação da rede intersetorial de atenção e cuidado com a infância e adolescência contribuiu para a internação na instituição pesquisada. Pudemos observar que em relação à assistência pública, as principais queixas dos familiares dos sujeitos acolhidos foram: ausência de serviços territoriais, dificuldade no transporte para o acesso ao tratamento, ausência de atenção domiciliar e dificuldade nos processos de inclusão escolar.

Em relação ao autismo, diagnóstico predominante em nossa amostra de crianças e adolescentes, vemos que as práticas de assistência voltadas para essa população são marcadas pela coexistência da atuação de instituições pertencentes ao terceiro setor e serviços públicos de assistência. Podemos observar que o autismo esteve apartado das políticas públicas em saúde mental até o final do século XX, ficando a cargo do campo da educação e assistência social, sob o cuidado de instituições filantrópicas e associações de familiares (Lima et al., 2017). De acordo com Lima et al. (2014, p. 716), uma parcela dessa população permaneceu "sem acompanhamento por quaisquer serviços, constituindo significativo contingente de desassistidos".

Conforme salientam Oliveira et al. (2017), a ausência de recursos e instituições públicas destinados ao atendimento de autistas impulsionou a atuação do setor filantrópico nesta área. Nas palavras dos autores,

> o enfrentamento tardio do problema fez com que a construção atual da política pública brasileira para o autismo fosse marcada por dois grupos distintos que, historicamente, desenvolveram suas ações de maneira simultânea, mas em paralelo. (Oliveira et al., 2017, p. 708)

O campo do autismo, não apenas no contexto brasileiro, é formado por distintas correntes teóricas e formas de intervenção, não havendo ainda, atualmente, consenso sobre sua etiologia. Dessa forma, conforme salientam Lima et al. (2014, p. 717), "as demandas de políticas para as pessoas com autismo se tornaram mais complexas, plurais e, por vezes, conflitantes".

De acordo com os autores, no cenário brasileiro vemos documentos distintos, publicados pelo governo federal, cujo conteúdo evidencia-nos a polivalência de discursos nesta área (Lima et al., 2014). A publicação *Diretrizes de Atenção à Reabilitação da Pessoa com Transtorno do Espectro Autista* (Brasil, 2014) refere a necessidade de tratamento em reabilitação, sendo o autismo compreendido como deficiência. Já a cartilha *Linha de Cuidado para a Atenção às Pessoas com Transtornos do Espectro do Autismo e suas Famílias na Rede de Atenção Psicossocial do Sistema Único de Saúde* (Brasil, 2015) classifica o autismo como transtorno mental e direciona seu atendimento à Rede de Atenção Psicossocial.

Entretanto, apesar de os documentos apresentarem dissonantes concepções sobre o autismo, encontramos pontos de confluência em relação às diretrizes para o cuidado. De acordo com Oliveira et al. (2017, p. 718):

> Ambos os documentos apresentam convergências em torno de determinados princípios fundamentais relacionados à assistência ao autismo: o estímulo da autonomia, de melhor performance e integração nas atividades sociais e diárias, inserção no mercado de trabalho, inclusão dos familiares no processo assistencial e respeito à singularidade na definição do Projeto Terapêutico Singular.

Vemos que, apesar das divergências conceituais em relação ao transtorno, a prática da longa internação ou acolhimento em instituições asilares não é prevista, e tampouco recomendada, em nenhuma das diretrizes de assistência. Sendo assim, o paradigma da inclusão social norteia tanto as políticas do campo da saúde mental quanto do campo da deficiência.

No ano de 2012, por meio da Lei n. 12.764, foi instituída no Brasil a Política Nacional de Proteção dos Direitos da Pessoa com Transtorno do Espectro Autista e, a partir da promulgação deste documento, o sujeito com o transtorno passa a ser considerado "pessoa com deficiência, para todos os efeitos legais" (Brasil, 2012).

Dessa forma, a referida lei garante direitos a esta população e, em seu Art. 4º, determina que: "A pessoa com transtorno do espectro autista não será submetida a tratamento desumano ou degradante, não será privada de sua liberdade ou do convívio familiar nem sofrerá discriminação por motivo da deficiência" (Brasil, 2012). Vemos, portanto, que as práticas de asilamento e privação de liberdade são também condenadas pela legislação.

Assim, cabe-nos ressaltar que a integração do autismo no campo da deficiência tem como objetivo garantir o cuidado e os direitos desta população. A internação de sujeitos com autismo em instituições de acolhimento para pessoas com deficiência evidencia uma distorção da legislação que, neste caso, em vez de oferecer assistência, promove a exclusão social.

Além disso, Lima (1998) destaca outro aspecto relevante sobre o atendimento asilar prestado pela rede conveniada à população de autistas. De acordo com a autora, as famílias experienciam uma longa história de desassistência causada pela falta de serviços territoriais e, em virtude disso, buscam o acolhimento em instituições filantrópicas que, neste contexto, figuram como a única possibilidade de assistência. À vista disso, as famílias passam a depender das instituições e mantêm com elas uma relação de submissão. Nas palavras da autora:

> A clientela (pais e pessoas com autismo e quadros similares) é submissa, passiva e grata e os diretores mais a equipe profissional são heróis, salvadores, missionários. Os papéis em questão se complementam e por não se atualizarem, mantêm polarizadas a impotência de uns e a onipotência de outros. (Lima, 1998, p. 88)

A partir do exposto, o estudo aponta ser urgente e fundamental dedicarmos esforços a fim de promover a efetivação de uma rede intersetorial de atenção ao autismo. A desarticulação entre os serviços e a dispersão nas práticas de cuidado promovem desassistência aos sujeitos, o que, por sua vez, contribui para a exclusão social e violação de direitos. Assim, como bem destacam Lima et al. (2014, p. 717), exige-se "dos serviços, sejam CAPSi ou outros, o compromisso com a qualificação do cuidado oferecido aos usuários autistas e seus familiares".

O campo acadêmico desempenha importante papel para o desenvolvimento de ações e políticas públicas e não pode furtar-se à responsabilidade de produzir pesquisas nesta área capazes de mensurar e qualificar as práticas de cuidado exercidas para esta população, bem como demandas específicas.

Por fim, o estudo ilumina uma dramática situação: apesar dos avanços nas políticas públicas de educação, saúde e assistência social, a rede territorial e intersetorial apresenta fragilidade em relação ao cuidado com a população diagnosticada com autismo. Dito isso, o estudo ressalta a importância de implantarmos novos serviços, tendo em vista que muitas famílias apontam para a ausência de equipamentos em seus territórios e, além disso, tomarmos o desenvolvimento de ações e práticas que garantam o cuidado em liberdade como exigência primeira aos trabalhadores, gestores e pesquisadores do campo da infância e adolescência.

5.3.2. Distanciamento e complementariedade

As instituições de acolhimento para pessoas com deficiência pesquisadas neste estudo pertenciam ao terceiro setor e ofereciam gratuidade no atendimento. Encontramos, nas 28 instituições estudadas, 1851 sujeitos em situação de acolhimento. Assim, podemos afirmar que a internação de longa permanência em instituições especializadas é uma prática atual e recorrente no campo da saúde mental e que o campo da filantropia segue exercendo sua função histórica de gestão sobre as instituições de acolhimento para a pessoa com deficiência (Almeida, 2012).

Além disso, constatamos que as instituições de acolhimento para pessoas com deficiência mantêm uma relação de distanciamento e, ao mesmo tempo, complementariedade com a rede pública de atenção em saúde mental e deficiência.

O distanciamento evidencia-se no fato de que as instituições e os serviços da rede pública não estabelecem parcerias ou práticas compartilhadas de cuidado com os sujeitos acolhidos. Desse modo, os serviços estabelecem apenas uma relação de encaminhamento para a internação nas instituições e, após o acolhimento, na maioria dos casos os sujeitos não recebem nenhum tipo de assistência de equipamentos da Rede de Cuidados à Pessoa com Deficiência ou da Rede de Atenção Psicossocial. Assim, como vimos anteriormente, a desarticulação entre as instituições e os serviços territoriais tem como consequência a impossibilidade de efetivação de ações que promovam a autonomia e a inclusão social dos sujeitos acolhidos. Tal distanciamento acarreta processos de cronificação e institucionalização.

A pesquisa averiguou haver também uma relação de complementariedade entre as instituições e a rede pública. Esse aspecto pode ser constatado ao observarmos a própria natureza dessa relação, estruturada por meio do repasse de verbas públicas ao setor privado. Vale ressaltar que o estabelecimento de parcerias e convênios representa uma importante estratégia de articulação e atuação da sociedade civil sobre as políticas públicas, sendo realizadas em múltiplas áreas e de maneiras diversas. Dessa forma, cabe ao escopo deste estudo analisar exclusivamente como opera a vinculação entre o poder público e as instituições de acolhimento para pessoas com deficiência.

Conforme exposto anteriormente, o cuidado em saúde mental e deficiência para crianças e adolescentes foi exercido pelo campo da filantropia até a estruturação das políticas públicas de atenção em saúde mental e deficiência, que estabelecem serviços territoriais de assistência substitutivos às instituições asilares. Podemos considerar as atuais instituições de acolhimento para pessoas com deficiência como um "resquício" do modelo hospitalocêntrico vigente durante décadas em nosso país. As instituições asilares perpetuam seu funcionamento por prestarem atendimento ao resíduo institucional produzido pela própria rede assistencial. Em outras palavras, podemos dizer que as políticas públicas vigentes determinam a substituição das instituições asilares por serviços territoriais. Ocorre, entretanto, que, diante de alguns casos que apresentam demandas complexas de cuidado, o próprio Estado, autor das políticas públicas, em vez de criar ações e mecanismos dentro de sua própria rede assistencial para responder a tais demandas, recorre às instituições asilares do campo da filantropia, perpetuando a prática asilar.

Vemos, dessa forma, como se estabelece a relação de complementariedade: o Estado encaminha indivíduos ao acolhimento e destina parte de seus recursos ao financiamento das instituições por meio de parcerias e convênios. Em contrapartida, as instituições fazem desaparecer do contexto social sujeitos que demandam respostas complexas, desonerando o Estado; ou seja, as instituições se responsabilizam pelo atendimento de uma população que o poder público se vê incapaz de atender. Nas palavras de Paula (2013, p. 12):

> Sendo um lugar destinado a abrigar os incapazes, o hospital-asilo se torna espaço privilegiado para conter e manter sob controle a incapacidade social de lidar com este fenômeno. Lugar distante, isolado do mundo, escondendo e escondido dos mecanismos sociais do cotidiano, é negado e não pode ser presentificado pela consciência porque se constitui em projeção social da incapacidade.

Assim, ao recorrer às instituições asilares conveniadas, o Estado deixa de fomentar o desenvolvimento de ações e estratégias para a resolução de demandas da população de sujeitos institucionalizados e, em decorrência disso, torna-se dependente da prática asilar. Desse modo, os processos de institucionalização de crianças e adolescentes nessas instituições evidenciam situações nas quais "em detrimento de medidas que preconizam o cuidado, o trabalho em rede e a afirmação dos direitos, (...) acionam-se medidas que privilegiam o controle e colocam-nas na posição da carência, da anormalidade e do perigo" (Oliveira et al., 2018, p. 225).

Além desses resultados, o estudo encontrou outro fator que contribui para a permanência da prática de asilamento em instituições de acolhimento para pessoas com deficiência: a ausência de fiscalização e regulação.

A pesquisa constatou que, diferentemente dos serviços públicos, que têm sua atuação regulamentada e suas práticas orientadas em consonância às políticas públicas, as instituições de acolhimento para pessoas com deficiência operam sob diferentes formas de funcionamento a depender de seus objetivos e interesses particulares e de sua condição econômica. Em decorrência disso, as instituições apresentam importante discrepância em relação ao quadro de recursos humanos e aos serviços oferecidos. Vimos, por exemplo, que muitas dependem da atuação de trabalhadores voluntários e de doações para efetivarem ações de cuidado com os sujeitos acolhidos. Consequentemente, as instituições não conseguem assegurar a continuidade ou até mesmo a qualidade dos atendimentos prestados. O estudo de Paula (2013, p. 8) também aponta para precariedade assistencial nestas instituições, que, segundo a autora, estão sob a gestão de "administradores leigos e/ou com interesses exclusivamente financeiros (...), têm seu funcionamento distorcido e não cumprem o ideal de inclusão social".

O presente estudo torna evidente que a ausência de regulação e de controle estatal sobre a rede asilar conveniada promove consequências trágicas ao processo de implementação de políticas públicas de inclusão social e garantia de direitos. Isto é, o distanciamento e o desconhecimento desta realidade por parte do poder público impossibilitam a construção de ações e estratégias para a superação do modelo asilar de assistência no campo da saúde mental infantojuvenil. Além disso, a inexistência de previsões legais, como vimos, possibilita que a diretriz da assistência seja determinada pela própria instituição, mesmo estando em dissonância em relação àquelas preconizadas pelas políticas públicas.

O estudo demonstra ainda que a relação de distanciamento e complementariedade entre as instituições e o poder público perpetua práticas de confinamento e a exclusão social. Ao ser realizada em equipamentos da rede conveniada, a prática do asilamento de pessoas com deficiência ou transtornos mentais permanece oculta à agenda pública e invisível ao corpo social. Conforme destaca Almeida (2012, p. 176), "a longa permanência em instituições totais vai se mantendo e se reproduzindo sem fazer qualquer tipo de ruído e incômodo no interior das Políticas Públicas de Saúde".

Vale destacar que, para a população de crianças e adolescentes, o estabelecimento de convênios entre o poder público e as instituições para pessoas com deficiência, ao contrário de se configurar como uma estratégia para proporcionar-lhes cuidado e assistência de qualidade, acarreta violação dos direitos que lhes são assegurados pelo ECA. À vista disso, é fundamental "discutir o campo da atenção a crianças com deficiência em regime de longa permanência na rede asilar e problematizar as diferenças regionais no que concerne as características e os aportes financeiros a esta rede de assistência" (Almeida, 2012, p. 149).

Por fim, a pesquisa reitera ser necessário que as instituições de acolhimento para pessoas com deficiência sejam retiradas da obscuridade e tomadas como responsabilidade do poder público, sendo incluídas nas discussões e ações nos campos da saúde mental e deficiência. Em outras palavras, defende-se aqui que a consolidação da rede de proteção e a efetivação da Política Nacional de Saúde Mental Infantojuvenil dependem do enfrentamento das situações de asilamento e institucionalização, promovidas também nas instituições de acolhimento para pessoas com deficiência.

5.3.3. Política Nacional de Saúde Mental Infantojuvenil e Reforma Psiquiátrica

Conforme vimos anteriormente, o Movimento da Reforma Psiquiátrica no Brasil foi fundamental para a reorientação da assistência e estabelecimento das diretrizes da Política Nacional de Saúde Mental (PNSM) que, fundamentada pela Lei n. 10.216/2001, instituiu a substituição do modelo asilar e hospitalocêntrico pelo modelo psicossocial e territorial de atenção em saúde mental.

Desde então, pudemos observar avanços significativos em relação à garantia de direitos das pessoas portadoras de transtornos mentais. Delgado (2015b) destaca que, em 2015, registrou-se no Brasil a redução de mais de 35 mil leitos psiquiátricos e a implantação de 2.200 CAPS e 680 SRT (Serviços Residenciais Terapêuticos) em todo o território nacional.

A consolidação da PNSM depende não só da implantação de novos serviços territoriais – visto que a rede assistencial é ainda insuficiente –, mas também do contínuo desenvolvimento de novas práticas e ações intersetoriais que ofereçam respostas às necessidades dos sujeitos com transtornos mentais e suas famílias. O próprio processo de implantação do modelo psicossocial produz novos desafios aos gestores e trabalhadores deste campo, fazendo também necessária a realização de estudos avaliativos sobre as práticas e estratégias de atenção desenvolvidas, pois, conforme salienta Couto (2012, p. 40), as "ações inovadoras requerem processos avaliativos constantes".

Tendo em vista os dados encontrados, a presente pesquisa destaca uma importante prática que, embora recorrente, foi omitida das discussões e intervenções no campo da reforma psiquiátrica: a internação de longa permanência em instituições de acolhimento para pessoas com deficiência.

O estudo de Paula (2013, p. 4) também aponta para esta problemática. De acordo com a autora, as pesquisas sobre a assistência asilar e as ações de desmonte destas instituições realizadas nas últimas duas décadas "não se estenderam, até o momento, para a questão da internação de pessoas com deficiência". Exemplo disso pode ser observado ao constatarmos o completo desconhecimento e ausência de informações sobre a população institucionalizada nessas instituições totais.

No Estado de São Paulo, a realização do Censo Psicossocial (SES, 2015) possibilitou quantificar e caracterizar a população de moradores em hospitais psiquiátricos e, como resultante, figurou como um importante instrumento para o desenvolvimento de ações de desinstitucionalização. Vemos, entretanto, que a população de sujeitos acolhidos em instituições de acolhimento para pessoas com deficiência permanece desconhecida, pois não foi incluída em tal levantamento, e um estudo específico nas instituições de acolhimento para pessoas com deficiência tampouco foi realizado. Assim, como bem salienta Paula (2013, p. 4), "sequer temos um retrato quantitativo e qualitativo dessa situação".

Vemos com isso que a cisão entre os campos da saúde mental e deficiência fez com que as instituições de acolhimento para pessoas com deficiência não fossem consideradas como locais de intervenção da Reforma Psiquiátrica, embora sejam instituições asilares. Almeida (2012, p. 41) corrobora nossa afirmação ao observar:

> É como se o processo de desinstitucionalização colocado em curso pela Reforma Psiquiátrica não tivesse levado em conta a necessidade de pensar e de se comprometer com alternativas para todos aqueles que sofreram com o modelo hospitalocêntrico, incluindo aí as pessoas com deficiência.

Vale ressaltar, ainda, que a exclusão das instituições de acolhimento para pessoas com deficiência das discussões e ações da Reforma Psiquiátrica é equivocada, tendo em vista que o próprio público-alvo da PNSM são os "portadores de transtorno mental" que, de acordo com a CID 10, engloba também os casos classificados como deficiência mental. Além disso, cabe lembrar que o transtorno do espectro autista se insere na interface das áreas da saúde mental e da deficiência. Assim, consideramos fundamental para a efetivação da PNSM que o acolhimento nessas instituições seja substituído pela atenção territorial e que a população de sujeitos acolhidos seja alvo de ações de desinstitucionalização.

Ademais, ao analisarmos o campo da infância e a história da institucionalização de crianças e adolescentes, vemos que, apesar da distinção diagnóstica, "loucos" e "idiotas" ocuparam historicamente o mesmo espaço institucional de reclusão (Foucault, 2006). Dessa maneira, de acordo com Leite (2011, p. 28), as crianças e adolescentes com deficiência ou transtorno mental "permaneceram 'invisíveis' ao longo do tempo, esquecidos em instituições de cunho asilar, (...) fora do foco de preocupações das políticas públicas, o que também reforçou o desconhecimento que recai ainda hoje sobre eles".

Assim, a prática da internação de longa permanência de crianças e adolescentes em instituições de acolhimento para pessoas com deficiência escancara-nos a continuidade da lógica manicomial no campo da saúde mental infantojuvenil na atualidade. Podemos dizer que essas instituições mantiveram intactas as suas formas de funcionamento, mesmo após determinadas mudanças nas diretrizes das políticas públicas de atenção em saúde mental e deficiência; o fato é que a população de crianças e adolescentes acolhidos permaneceu em situação de violação de direitos, apesar de tê-los assegurados pela legislação. Assim, de acordo com Surjus e Campos (2014, p. 538), "faz-se iminente atentar quanto à permanência silenciosa dos hospitais psiquiátricos ou espaços com novas roupagens a despeito da expansão da rede substitutiva de cuidado, destinando-se ao mesmo fim: excluir populações".

Vale destacar, contudo, que além de violarem os direitos da população, as internações de longa duração de crianças e adolescentes também prejudicam seu desenvolvimento, conforme apontam os estudos de Siqueira e Dell'Aglio (2006), Rizzini e Rizzini (2004), Cavalcante et al. (2007) e Fukuda et al. (2013). Assim, segundo Ciampone (1996, p. 316), a institucionalização deve ser entendida como uma

> Violência simbólica, representada pela estrutura que 'abriga ao mesmo tempo que isola', ao contrário de outros tipos de violência, não se caracteriza apenas como agressão/morte física, mas coloca-se ao nível subjetivo, como agressão/morte psíquica, que em última instância transforma esses indivíduos em mortos sociais.

À vista disso, a pesquisa reitera a necessidade de lançarmos luz sobre a população de crianças e adolescentes internados em instituições de acolhimento para pessoas com deficiência, visto que "silenciar essa questão pode significar a reprodução da histórica segregação" (Surjus e Campos, 2014, p. 539). O estudo evidencia uma situação problemática que, devido à sua gravidade, deve ser tomada como prioritária para o campo da saúde mental infantojuvenil.

Diante disso, a pesquisa sublinha a necessidade ou até mesmo obrigatoriedade do poder público em reunir e publicar dados sobre as características das internações e perfil desta população, pois apenas o levantamento dessas informações é capaz de "embasar medidas concretas para atender as necessidades reais que estão por trás das solicitações de internação, além de propiciar a criação de mecanismos e políticas públicas que revertam a tendência à institucionalização dessa clientela" (Paula, 2013, p. 4).

Para concluir, destacamos a recomendação de Resende (2008, p. 106) que salienta ser fundamental que os agentes que trabalham no campo da infância e adolescência reflitam e discutam permanentemente "sobre o papel que estamos exercendo (ou não) para uma verdadeira transformação social", a fim de garantir o cuidado em liberdade para a população infantojuvenil.

CAPÍTULO 6
CONSIDERAÇÕES FINAIS

A principal contribuição do presente estudo é tornar evidente a continuidade do asilamento como prática de cuidado em saúde mental para crianças e adolescentes. Demonstramos aqui que as instituições de acolhimento para pessoas com deficiência operam como instituições totais e, ainda atualmente, atendem importante contingente de crianças e adolescentes em regime de internação de longa duração.

Além disso, a pesquisa testemunha a escassez de informações sobre a população de crianças e adolescentes internados em instituições de acolhimento para pessoas com deficiência e, diante dessa constatação, aponta ser crucial e urgente que tomemos esta temática como objeto de investigação. Defende-se aqui que o dimensionamento da situação presente é fundamental tanto para subsidiar ações de desinstitucionalização quanto para traçar estratégias que evitem novas internações.

Em decorrência da dispersão e ausência de dados sobre as instituições de acolhimento para pessoas com deficiência, o presente estudo exibe informações sobre uma pequena parcela deste universo. Sendo assim, reiteramos a necessidade da realização de um estudo censitário sobre a população de sujeitos acolhidos, tal qual se realizou no Estado de São Paulo com os moradores de hospitais psiquiátricos.

Além disso, ao deflagrar a ausência de tipificação e previsões legais que orientem o funcionamento destas instituições, a pesquisa aponta também para a importância de investigarmos os modos de funcionamento e práticas de cuidado exercidos nas instituições de acolhimento para pessoas com deficiência. Para tanto, sugere-se a aplicação da ferramenta de avaliação *Direito é Qualidade* (Brasil, 2015), formulada pela Organização Mundial da Saúde.

Vale ainda destacar uma dificuldade enfrentada durante a etapa de coleta de dados que repercutiu em limitações ao estudo. Vimos que os prontuários, apesar de serem uma importante fonte de dados, não exibem todas as informações necessárias para a construção de um perfil de clientela. Não foi possível, por exemplo, encontrar registros sistematizados sobre o grau do transtorno ou o nível de comprometimento dos sujeitos acolhidos. Além disso, alguns desses documentos apresentavam lacunas em seus registros.

À vista disso, recomenda-se que futuros estudos utilizem, além dos prontuários, outros instrumentos de coleta de informações, tais como entrevistas com trabalhadores e com os próprios sujeitos acolhidos nas instituições. Sugerimos também, em próximas pesquisas, que seja considerado o uso da Classificação Internacional de Funcionalidade, Incapacidade e Saúde (CIF) proposta pela Organização Mundial da Saúde como instrumento de coleta de informações.

Partindo da premissa de que a institucionalização de crianças e adolescentes em instituições de acolhimento para pessoas com deficiência fere os direitos assegurados a esta população e que as práticas de asilamento contradizem as diretrizes das políticas públicas de atenção em saúde mental e deficiência, a pesquisa intenta abrir um campo de discussão sobre esta temática relegada há décadas ao esquecimento.

Delgado (2012) corrobora a importância de lançarmos luz sobre as formas e os contextos institucionais de exclusão no campo da saúde mental. De acordo com o autor:

> O tema da violência, em sua interface com os direitos humanos e a clínica, requer urgente debate na agenda da saúde mental. Existe uma significativa produção escrita sobre o tema, que traz valiosas contribuições, mas que expõe com clareza a necessidade de desenvolvimento de mais pesquisas (Delgado, 2012, p. 188).

Mais do que apresentar respostas, o estudo procura expor uma situação problemática e ainda pouco dimensionada no campo da saúde mental. Alicerçada pelo compromisso ético de contribuir para a superação do modelo asilar de assistência e extinguir práticas de exclusão no campo da infância e adolescência, a pesquisa pretende alertar o campo acadêmico e o poder público para a manutenção da prática da internação de longa permanência de crianças e adolescentes em instituições de acolhimento para pessoas com deficiência.

A análise das informações coletadas no estudo revela que o acolhimento de crianças e adolescentes nestas instituições decorre de múltiplos fatores relacionados tanto a características dos sujeitos quanto ao contexto familiar e ao acesso a serviços públicos nas áreas da assistência social, saúde e educação. Isso posto, vemos que as internações decorrem de situações complexas e, para prescindi-las, torna-se necessário que sejam desenvolvidas ações intersetoriais capazes de responder às demandas de cuidado desta população.

Ademais, como colaboração ao campo da saúde mental infantojuvenil, a pesquisa aponta para dois pontos de fragilidade que podem servir de "guias" para subsidiar intervenções. Primeiramente, a assistência à família e a atenção domiciliar demonstraram-se insuficientes para atender as necessidades dos sujeitos acolhidos. Desse modo, a promoção e a expansão de práticas intersetoriais de apoio e assistência às famílias constituem exigência primeira para evitar o encaminhamento às instituições asilares.

Os casos de crianças e adolescentes institucionalizados em situação de abandono ou destituição do poder familiar expõem outro ponto sensível na rede pública de assistência. Essas situações evidenciam uma questão crucial à qual as políticas públicas e a rede intersetorial devem dedicar-se a responder: como prestar assistência a crianças e adolescentes com deficiência ou transtorno mental que dependam de instituições de moradia sem submetê-los a uma vida inteira de exclusão social e segregação?

Além desta pesquisa, outros estudos apontam para uma trajetória comum de crianças e adolescentes com deficiência ou transtorno mental, na qual a medida protetiva de acolhimento em SAICA foi sucedida de encaminhamento para instituições asilares. Diante disso, destaca-se a necessidade de efetivar ações que promovam outras formas de morar sem que a vida institucional implique em segregação e exclusão social.

As políticas nacionais de saúde mental e de assistência social tipificam equipamentos desta natureza. Respectivamente, os Serviços Residenciais Terapêuticos e as Residências Inclusivas são serviços de moradia de pequeno porte que, ao contrário das instituições asilares, visam à inclusão social e à atuação territorial. Ocorre, entretanto, que a implantação destes serviços se dá de maneira demasiadamente lenta. Há nos hospitais psiquiátricos e nas instituições de acolhimento para pessoas com deficiência um enorme contingente de sujeitos que dependem da criação destes serviços para sair da situação de confinamento institucional. Isso posto, o estudo denuncia que o Estado, mesmo sendo autor das políticas públicas, perpetua as instituições asilares pela falta de investimento na rede substitutiva e pela morosidade de seu processo de implementação.

Em resumo, o estudo aponta como ações estratégicas para superar a institucionalização de crianças e adolescentes a ampliação dos serviços substitutivos, a implantação de serviços territoriais de moradia e a efetivação de práticas de assistência às famílias. Além disso, vale ressaltar que a efetivação do modelo psicossocial de atenção em consonância ao ECA depende, necessariamente, de que sejam travadas ações intersetoriais, compartilhadas e corresponsabilizadas por todos os atores da rede de proteção e assistência à infância.

A pesquisa descreve uma "tarefa" aos gestores e trabalhadores da rede pública de atenção e proteção à infância: em vez de manter distância, é necessário reconhecer a existência das instituições de acolhimento para pessoas com deficiência e abrir com elas um campo de diálogo e de articulação. Conforme salienta Lima (1998, p. 93), "não se trata de jogar tudo fora ou negar o conhecimento produzido até então e por essa razão nos referimos a processo de transformação".

Assim, impõe-se aos serviços da Rede de Atenção Psicossocial (RAPS) e da Rede de Cuidados à Pessoa com Deficiência o desafio de produzir ações de cuidado que abarquem os sujeitos em situação de acolhimento e suas famílias. Isto é: além de ações de desinstitucionalização, é necessário que sejam também criadas "propostas que visem à melhoria da qualidade de vida das pessoas que não podem ser desinternadas a curto ou médio prazo" (Paula, 2013, p. 4).

Por fim, cabe lembrar que a principal contribuição do estudo para o campo da saúde mental infantojuvenil é tornar públicas informações de um cenário tão desconhecido e, a partir disso, sinalizar a necessidade de continuidade e aprofundamento de estudos sobre a infância institucionalizada em instituições de acolhimento para pessoas com deficiência. Dada a importância da produção de pesquisas para o desenvolvimento de políticas públicas em saúde e fomento a ações de desinstitucionalização, o campo da saúde mental infantojuvenil carece de novos estudos que abarquem tanto os serviços substitutivos quanto a rede asilar.

Desejamos que o material produzido neste trabalho possa fomentar e subsidiar futuras pesquisas e ações de desinstitucionalização para crianças e adolescentes. Em realidade, ironicamente, o estudo pretende se tornar ultrapassado. Isto é, esperamos que nos próximos anos pesquisas de maior alcance e abrangência sejam realizadas e que as internações de longa permanência de crianças e adolescentes existam apenas nas descrições históricas da assistência em saúde mental.

Um dos idealizadores da Reforma Psiquiátrica italiana, Franco Basaglia, descreve a utopia não como sonho inalcançável, mas como "o elemento prefigurativo da possibilidade de uma transformação real" (Basaglia, 2010, p. 227). Assim, para concluir, reafirmamos que "a utopia continua, isto é, que existam tantas diferenças e que nenhuma diferença seja excluída" (Rotelli apud Nicacio, 2003, p. 172).

REFERÊNCIAS

[ABEP] ASSOCIAÇÃO BRASILEIRA DE EMPRESAS DE PESQUISA. **Critério de classificação econômica Brasil**, 2019. Disponível em: http://www.abep.org/criterioBr/01_cceb_2019.pdf. Acesso em: 10 ago. 2019.

ALANEM, Leena. Estudos feministas/estudos da infância: paralelos, ligações e perspectivas. In: CASTRO, Lucia Rabello de (Org.). **Crianças e jovens na construção da cultura**. Rio de Janeiro: Nau, 2001.

ALMEIDA, Marcia Furquim de et al. Mortalidade neonatal no Município de São Paulo: influência do peso ao nascer e de fatores sócio-demográficos e assistenciais. **Rev. Bras. Epidemiol**. São Paulo, v. 5, n. 1, p. 93-107, abr. 2002. Disponível em: http://www.scielo.br/scielo.php?script=sci_arttext&pid=S1415790X2002000100011&lng=en&nrm=iso. Acesso em: 06 jul. 2019.

ALMEIDA, Neli Maria Castro de. A desconstrução do manicômio, em sua narrativa. In: ALMEIDA, Neli Maria Castro de; DELGADO, Pedro Gabriel Godinho (Orgs.). **De volta à cidadania**: políticas públicas para crianças e adolescentes. Rio de Janeiro: Instituto Franco Basaglia, 2000.

_____. **Labirintos e mosaicos**: institucionalização da infância com deficiência. Tese (Doutorado em Serviço Social) – Pontifícia Universidade Católica do Rio de Janeiro, Rio de Janeiro, 2012.

ALMEIDA, Neli Maria Castro de; DELGADO, Pedro Gabriel Godinho (Orgs.). **De volta à cidadania**: políticas públicas para crianças e adolescentes. Rio de Janeiro: Instituto Franco Basaglia, 2000.

ALTOÉ, Sônia. **Infâncias perdidas**: o cotidiano nos internatos-prisão. Rio de Janeiro: Xenon, 1990.

AMARANTE, Paulo. **Loucos pela vida**: a trajetória da reforma psiquiátrica no Brasil. Rio de Janeiro: ENSP/Fiocruz, 1995.

_____. **Saúde mental e atenção psicossocial**. Rio de Janeiro: Fiocruz, 2007.

AMSTALDEN, Ana Lucia Ferraz; HOFFMANN, Maria Cristina Correa Lopes; MONTEIRO, Taciane Pereira Maia. A política de saúde mental infanto-juvenil: seus percursos e desafios. In: RIBEIRO, Edith Lauridsen; TANAKA, Oswaldo Yoshimi. (Orgs.). **Atenção em saúde mental para crianças e adolescentes no SUS**. São Paulo: Hucitec, 2010.

ANCHIETA, José de. **Cartas, informações, fragmentos históricos e sermões do Padre Joseph de Anchieta, S. J. (1554-1594)**. Rio de Janeiro: Civilização Brasileira S. A., 1933. Disponível em: http://purl.pt/155/4/r--19794-v_PDF/r-19794-v_PDF_24-CR0150/r-19794-v_0000_grav_569_t24-C-R0150.pdf. Acesso em: 07 mai. 2017.

ANJOS, Cintia Santos Nery dos. **Redes e ação intersetorial**: a experiência de um Centro de Atenção Psicossocial Infantojuvenil do Município do Rio de Janeiro. Dissertação (Mestrado em Saúde Pública) – Escola Nacional de Saúde Pública Sergio Arouca, Rio de Janeiro, 2014.

ARANTES, Esther Maria de Magalhães. De "criança infeliz" a "menor irregular": vicissitudes na arte de governar a infância. **Mnemosine**, v. 1, n. 0, p. 162-164, 2004. Disponível em: https://www.epublicacoes.uerj.br/index.php/mnemosine/article/viewFile/41351/pdf_20. Acesso em: 21 set. 2018.

_____. Rostos de crianças no Brasil. In: RIZZINI, Irene; PILOTTI, Francisco (Orgs.). **A arte de governar crianças**: a história das políticas sociais, da legislação e da assistência à infância no Brasil. São Paulo: Cortez, 2009.

ARAÚJO, Edgilson Tavares de. **Parcerias estado e organizações especializadas**: discursos e práticas em nome da integração/inclusão educacional das pessoas com deficiência. Dissertação (Mestrado em Serviço Social) – Pontifícia Universidade Católica de São Paulo, São Paulo, 2006.

ARIÈS, Philippe. **História social da criança e da família**. 2. ed. Rio de Janeiro: Guanabara, 1986.

ARRUÉ, Andrea Moreira et al. Crianças/Adolescentes com necessidades especiais de saúde em centro de atenção psicossocial. **Rev. Enferm. UFSM**. Universidade Federal de Santa Maria, v. 3, n. 1, p. 227-237, jan./abr. 2013. Disponível em: https://periodicos.ufsm.br/reufsm/article/view/7827. Acesso em: 07 mai. 2017.

ASSIS, Joaquim Maria Machado de. Pai contra Mãe. In: _____. **Relíquias da casa velha**. Rio de Janeiro, São Paulo, Porto Alegre: Jackson, 1955.

BANDEIRA, Marina. Desinstitucionalização ou transinstitucionalização: lições de alguns países. **Jornal Brasileiro de Psiquiatria**, v. 40, n. 7, p. 355-60, 1991. Disponível em: https://ufsj.edu.br/portal-repositorio/File/lapsam/Artigos%20digitalizados/Artigo_Transinstitucionalizacao.pdf. Acesso em: 14 fev. 2019.

BARBOSA, Milene Rossi Pereira. **Suporte social e qualidade de vida em famílias de crianças do espectro autístico**. Dissertação (Mestrado em Medicina) – Faculdade de Medicina, Universidade de São Paulo, São Paulo, 2010.

BARRÍGIO, Carla Rabelo. **Saúde mental na atenção básica**: o papel dos agentes comunitários de saúde no município de Muriaé-MG. Dissertação (Mestrado em Serviço Social) – Pontifícia Universidade Católica do Rio de Janeiro, Rio de Janeiro, 2010.

BARROSO, Sabrina Martins; BANDEIRA, Marina; NASCIMENTO, Elizabeth do. Sobrecarga de familiares de pacientes psiquiátricos atendidos na rede pública. **Rev. Psiquiatr. Clín.**, São Paulo, v. 34, n. 6, p. 270-277, 2007. Disponível em: http://www.scielo.br/scielo.php?script=sci_arttext&pid=S0101608320070006000003&lng=en&nrm=iso. Acesso em: 24 out. 2019.

BASAGLIA, Franco. **Escritos selecionados em saúde mental e reforma psiquiátrica**. Rio de Janeiro: Garamond, 2010.

BENTES, Ana Lúcia Seabra. **Tudo como dantes no quartel d'Abrantes**: estudo das internações psiquiátricas de crianças e adolescentes através de encaminhamento judicial. Dissertação (Mestrado em Saúde Pública) – Escola Nacional de Saúde Pública Sergio Arouca, Rio de Janeiro, 1999.

BERCHERIE, Paul. A clínica psiquiátrica da criança: estudo histórico. In: CIRINO, Oscar. **Psicanálise e psiquiatria com crianças**: desenvolvimento ou estrutura. Belo Horizonte: Autêntica, 2001.

BEZERRA, Cíntia Guedes; DIMENSTEIN, Magda. O fenômeno da reinternação: um desafio à reforma psiquiátrica. **Mental**, Barbacena, v. 9, n. 16, p. 303-326, 2011. Disponível em: http://pepsic.bvsalud.org/scielo.php?script=sci_arttext&pid=S1679-44272011000100007&lng=pt&nrm=iso. Acesso em: 27 jul. 2019.

BLIKSTEIN, Flávia. **Destinos de crianças**: estudo sobre as internações de crianças e adolescentes em hospital público psiquiátrico. Dissertação (Mestrado em Psicologia Social) – Pontifícia Universidade Católica de São Paulo, São Paulo, 2012.

_____. **Políticas públicas em saúde mental infantojuvenil e filantropia**: estudo sobre as instituições de acolhimento para pessoas com deficiência que atendem crianças e adolescentes no Estado de São Paulo. Tese (Doutorado em Saúde Pública) – Faculdade de Saúde Pública, Universidade de São Paulo, São Paulo, 2019.

BOSA, Cleonice Alves. Autismo: programação psicoeducacional. **Rev. Bras. Psiquiatr.**, São Paulo, v. 28, supl. 1, p. s47-s53, mai. de 2006. Disponível em: http://www.scielo.br/scielo.php?script=sci_arttext&pid=S1516-44462006000500007&lng=en&nrm=iso. Acesso em: 31 jul. 2019.

BRACCIALLI, Lígia Maria Presumido et al. Qualidade de vida de cuidadores de pessoas com necessidades especiais. **Rev. Bras. Educ. Espec.**, Marília, v. 18, n. 1, p. 113-126, 2012. Disponível em: http://www.scielo.br/scielo.php?script=sci_arttext&pid=S1413-65382012000100008&lng=en&nrm=iso. Acesso em: 24 abr. 2019.

BRAGA, Cláudia Pellegrini; D'OLIVEIRA, Ana Flávia Pires Lucas. A continuidade das internações psiquiátricas de crianças e adolescentes no cenário da Reforma Psiquiátrica Brasileira. **Interface**, Botucatu, v. 19, n. 52, p. 33-44, 2015. Disponível em: http://www.scielo.br/scielo.php?script=sci_arttext&pid=S1414-32832015000100033&lng=en&nrm=iso. Acesso em: 25 abr. 2019.

BRASIL. Ministério da Saúde. Secretaria de Atenção à Saúde. Departamento de Ações Programáticas Estratégicas. **Caminhos para uma política de saúde mental infanto-juvenil**. Brasília: 2005. Disponível em: http://portal.saude.gov.br/portal/arquivos/pdf/caminhos_infantojuv.pdf. Acesso em: 03 mar. 2016.

_____. Ministério do Desenvolvimento Social e Combate à Fome. Conselho Nacional dos Direitos das Crianças e dos Adolescentes. **Orientações técnicas**: serviços de acolhimento de crianças e adolescentes. Brasília: 2009.

_____. Ministério da Saúde. Conselho Nacional de Saúde. **Relatório Final da IV Conferência Nacional de Saúde Mental Intersetorial**. Brasília: 2010.

_____. Ministério da Saúde. Gabinete do Ministro. Portaria n. 3090, de 23 de dezembro de 2011. Estabelece que os Serviços Residenciais Terapêuticos (SRTs) sejam definidos em tipo I e II, destina recurso financeiro para incentivo e custeio dos SRTs, e dá outras providências.

_____. Ministério do Desenvolvimento Social e Combate à Fome. Secretaria Nacional de Assistência Social. **Tipificação nacional de serviços socioassistenciais**. Brasília: 2013.

_____. Ministério da Saúde. Conselho Nacional do Ministério Público. **Atenção psicossocial a crianças e adolescentes no SUS**: tecendo redes para garantir direitos. Brasília: 2014(a).

_____. Ministério da Saúde. Secretaria de Atenção à Saúde. Departamento de Atenção Especializada e Temática. **Fórum Nacional de Saúde Mental Infantojuvenil**: recomendações de 2005 a 2012. Brasília: 2014(b).

_____. Ministério do Desenvolvimento Social e Combate à Fome. **Orientações para gestores, profissionais, residentes e familiares sobre o Serviço de Acolhimento Institucional para Jovens e Adultos com Deficiência em Residências Inclusivas**. Brasília: 2014(c).

_____. Ministério da Saúde. Secretaria de Atenção à Saúde. Departamento de Ações Programáticas Estratégicas. **Diretrizes de atenção à reabilitação da pessoa com transtornos do espectro do autismo (TEA)**. Brasília: 2014(d).

_____. Ministério da Saúde. Secretaria de Atenção à Saúde. Departamento de Atenção Especializada e Temática. **Linha de cuidado para a atenção às pessoas com transtornos do espectro do autismo e suas famílias na rede de atenção psicossocial do Sistema Único de Saúde**. Brasília: 2015(a).

_____. Ministério da Saúde. Secretaria de Atenção à Saúde. Departamento de Ações Programáticas Estratégicas. **Direito é qualidade**: kit de ferramentas de avaliação e melhoria da qualidade e dos direitos humanos em serviços de saúde mental e de assistência social. Brasília: 2015(b).

_____. Ministério do Desenvolvimento Social. Secretaria Nacional de Assistência Social. **Censo SUAS 2017** – Resultados Nacionais, Unidades de Acolhimento. Brasília: 2018._____. **Lei n. 8.069**, de 13 de julho de 1990. Dispõe sobre o Estatuto da Criança e do Adolescente e dá outras providências.

_____. **Lei n. 9.608**, de 18 de fevereiro de 1998. Dispõe sobre o serviço voluntário e dá outras providências.

_____. **Lei n.10.216**, de 6 de abril de 2001. Dispõe sobre a proteção e os direitos das pessoas portadoras de transtornos mentais e redireciona o modelo assistencial em saúde mental.

_____. Ministério da Saúde. Gabinete do Ministro. **Portaria n. 336**, de 19 de fevereiro de 2002. Regulamenta os Centros de Atenção Psicossocial.

_____. Ministério da Saúde. Gabinete do Ministro. **Portaria n. 1.060**, de 5 de junho de 2002. Institui a Política Nacional de Saúde da Pessoa com Deficiência._____. **Decreto n. 6.949**, de 25 de agosto de 2009. Promulga a Convenção Internacional sobre os Direitos das Pessoas com Deficiência e seu Protocolo Facultativo, assinados em Nova York, em 30 de março de 2007.

_____. **Lei n. 12.764**, de 27 de dezembro de 2012. Institui a Política Nacional de Proteção dos Direitos da Pessoa com Transtorno do Espectro Autista.

_____. **Lei n. 13.146**, de 6 de julho de 2015. Institui a Lei Brasileira de Inclusão da Pessoa com Deficiência (Estatuto da Pessoa com Deficiência).

_____. Ministério do Desenvolvimento Social e Combate à Fome. **Resolução n. 6**, de 13 de mar. de 2013. Aprova a expansão qualificada de Serviços de Acolhimento Institucional para Jovens e Adultos com Deficiência, em situação de dependência, em Residências Inclusivas.

BRUM, Eliane. Como se fabricam crianças loucas. **El País**, 17 mar. 2014. Disponível em: https://brasil.elpais.com/brasil/2014/03/17/opinion/1395072236_094434.html. Acesso em: 10 abr. 2016.

BUENO, José Geraldo Silveira. **Educação especial brasileira**. Integração/segregação do aluno diferente. São Paulo: PUC-SP, 1993.

CAVALCANTE, Lília Iêda Chaves; MAGALHÃES, Celina Maria Colino; PONTES, Fernando Augusto Ramos. Institucionalização precoce e prolongada de crianças: discutindo aspectos decisivos para o desenvolvimento. **Ale-**

theia, Canoas, n. 25, p. 20-34, 2007. Disponível em: http://pepsic.bvsalud.org/scielo.php?script=ci_arttext&pid=S1413-03942007000100003&lng=pt&nrm=iso. Acesso em: 15 set. 2019.

CERVO, Michele da Rocha; SILVA, Rosane Azevedo Neves da. Um olhar sobre a patologização da infância a partir do CAPSI. **Rev. Subj.**, Fortaleza, v. 14, n. 3, p. 442-453, dez. 2014. Disponível em: http://pepsic.bvsalud.org/scielo.php?script=sci_arttext&pid=S2359-07692014000300008&lng=pt&nrm=iso. Acesso em: 16 set. 2018.

CHAMBOULEYRON, Rafael. Jesuítas e as crianças no Brasil quinhentista. In: DEL PRIORE, Mary (Org.). **História das crianças no Brasil**. São Paulo: Contexto, 2010.

CIAMPONE, Maria Helena Trench. Assistência institucionalizada a indivíduos portadores de deficiência mental: dimensões esquecidas. **Rev. Esc. Enf. USP**, v. 30, n. 2, p. 310-9, ago. 1996. Disponível em: http://www.scielo.br/pdf/reeusp/v30n2/v30n2a11.pdf. Acesso em: 02 mai. 2018.

CIESPI, Centro Internacional de Estudos e Pesquisas sobre a Infância. **Do confinamento ao acolhimento** – Institucionalização de crianças e adolescentes com deficiência: desafios e caminhos. Relatório de pesquisa: Rio de Janeiro, 2008.

CIRINO, Oscar. **Psicanálise e psiquiatria com crianças**: desenvolvimento ou estrutura. Belo Horizonte: Autêntica, 2001.

COSTA, Jurandir Freire. **História da psiquiatria no Brasil**: um recorte ideológico. 5. ed. Rio de Janeiro: Garamond, 2007.

_____. **Ordem médica e norma familiar**. 5. ed. Rio de Janeiro: Graal, 2004.

COUTO, Maria Cristina Ventura. Abrigos para "menores deficientes": seus impasses clínicos, assistenciais e éticos. In: ALMEIDA, Neli Maria de Castro; DELGADO, Pedro Gabriel Godinho (Orgs.). **De volta à cidadania**: políticas públicas para crianças e adolescentes. Rio de Janeiro: Instituto Franco Basaglia, 2000.

_____. As crianças invisíveis dos abrigos brasileiros: o que elas têm a dizer ao campo da saúde mental e ao de outras políticas públicas? In: CIESPI. **Do confinamento ao acolhimento** – Institucionalização de crianças e adolescentes com deficiência: desafios e caminhos: Relatório de pesquisa. Rio de Janeiro, 2008.

_____. **Política de Saúde Mental para crianças e adolescentes**: especificidades e desafios da experiência brasileira (2001-2010). Tese (Doutorado em Saúde Mental) – Universidade Federal do Rio de Janeiro, Rio de Janeiro, 2012.

_____. Por uma política pública de saúde mental para crianças e adolescentes. In: FERREIRA, Tânia Ferreira. **A criança e a saúde mental**: enlaces entre a clínica e a política. Belo Horizonte: Autêntica, p. 61-72, 2004.

COUTO, Maria Cristina Ventura; DELGADO, Pedro Gabriel Godinho. Crianças e adolescentes na agenda política da saúde mental brasileira: inclusão tardia, desafios atuais. **Psicol. Clín.**, Rio de Janeiro, v. 27, n. 1, p. 17-40, 2015. Disponível em: http://www.scielo.br/scielo.php?script=sci_arttext&pid=S0103-56652015000100017&lng=en&nrm=iso>. Acesso em: 21 jan. 2018.

_____. Intersetorialidade: uma exigência da clínica com crianças na Atenção Psicossocial. Considerações preliminares. In: RIBEIRO, Edith Lauridsen; TANAKA, Oswaldo Yoshimi. (Orgs.). **Atenção em saúde mental para crianças e adolescentes no SUS**. São Paulo: Hucitec, 2010.

CUBAS, João Mário. **Acesso aos serviços de saúde mental por crianças e adolescentes com deficiência intelectual e/ou transtorno mental em situação de acolhimento**. Dissertação (Mestrado em Tecnologia em Saúde) – Pontifícia Universidade Católica do Paraná, Curitiba, 2016.

CUNDA, Matheus Freitas. **As tramas empedradas de uma psicopatologia juvenil**. Dissertação (Mestrado em Psicologia Social e Institucional) – Universidade Federal do Rio Grande do Sul, Porto Alegre, 2011.

DALTRO, Manuela Carla de Souza Lima. **Qualidade de vida de cuidadores de crianças e adolescentes com transtornos mentais**. Dissertação (Mestrado em Ciências Médicas) – Faculdade de Ciências Médicas da Santa Casa de São Paulo, São Paulo, 2015.

DEL PRIORE, Mary. O cotidiano da criança livre no Brasil entre a colônia e o Império. In: _____. (Org.). **História das crianças no Brasil**. 7. ed. São Paulo: Contexto, 2010.

DELFINI, Patricia Santos de Souza. **O cuidado em saúde mental infantil na perspectiva de profissionais, familiares e crianças**. Tese (Doutorado em Saúde Pública) – Universidade de São Paulo, São Paulo, 2015.

DELFINI, Patricia Santos de Souza; REIS, Alberto Olavo Advincula. Articulação entre serviços públicos de saúde nos cuidados voltados à saúde mental infantojuvenil. **Cad. Saúde Pública**, Rio de Janeiro, v. 28, n. 2, p. 357-366, fev. 2012. Disponível em: http://www.scielo.br/pdf/csp/v28n2/14.pdf. Acesso em: 15 set. 2017.

DELGADO, Pedro Gabriel Godinho. O desafio da produção de conhecimento sobre a reforma psiquiátrica brasileira. **Ciênc. Saúde Coletiva**, Rio de Janeiro, v. 20, n. 2, p. 312, 2015(a). Disponível em: http://www.scielo.br/scielo.php?script=sci_arttext&pid=S1413-81232015000200312&lng=en&nrm=iso. Acesso em: 20 fev. 2019.

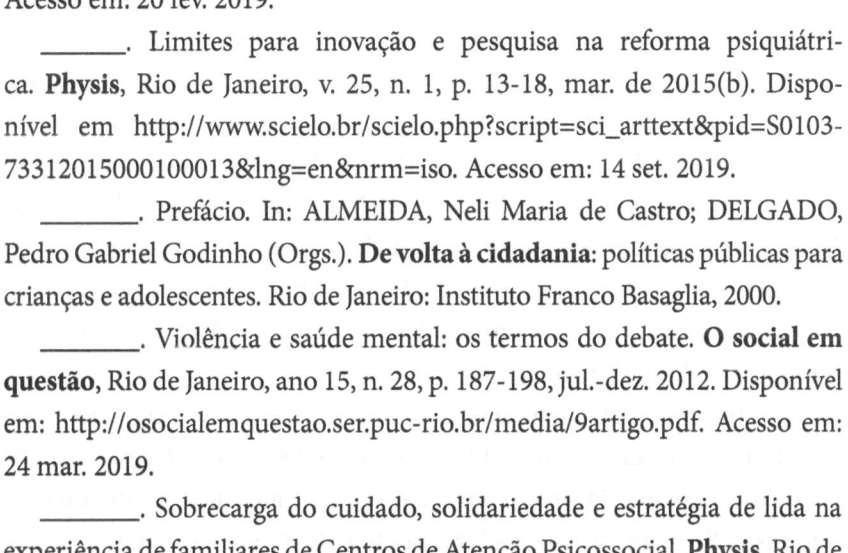

_____. Limites para inovação e pesquisa na reforma psiquiátrica. **Physis**, Rio de Janeiro, v. 25, n. 1, p. 13-18, mar. de 2015(b). Disponível em http://www.scielo.br/scielo.php?script=sci_arttext&pid=S0103-73312015000100013&lng=en&nrm=iso. Acesso em: 14 set. 2019.

_____. Prefácio. In: ALMEIDA, Neli Maria de Castro; DELGADO, Pedro Gabriel Godinho (Orgs.). **De volta à cidadania**: políticas públicas para crianças e adolescentes. Rio de Janeiro: Instituto Franco Basaglia, 2000.

_____. Violência e saúde mental: os termos do debate. **O social em questão**, Rio de Janeiro, ano 15, n. 28, p. 187-198, jul.-dez. 2012. Disponível em: http://osocialemquestao.ser.puc-rio.br/media/9artigo.pdf. Acesso em: 24 mar. 2019.

_____. Sobrecarga do cuidado, solidariedade e estratégia de lida na experiência de familiares de Centros de Atenção Psicossocial. **Physis**, Rio de Janeiro, v. 24, n. 4, p. 1103-1126, dez. 2014. Disponível em: http://www.scielo.br/scielo.php?script=sci_arttext&pid=S0103-73312014000401103&lng=en&nrm=iso. Acesso em: 24 mar. 2019.

DELL'ACQUA, Giuseppe; MEZZINA, Roberto. Resposta à crise – Estratégia e intencionalidade da intervenção no serviço psiquiátrico territorial. In: DELGADO, Jaques (Org.). **A loucura na sala de jantar**. Santos: Copyright Jaques Maurício Ferreira Delgado, 1991.

DINIZ, Debora. **A custódia e o tratamento psiquiátrico no Brasil**: censo 2011. Brasília: LetrasLivres, 2013.

DONZELOT, Jacques. **A polícia das famílias**. 2. ed. Rio de Janeiro: Graal, 1986.

ELIA, Luciano. A rede da atenção na Saúde Mental – articulações entre Caps e ambulatório. In: BRASIL. **Caminhos para uma política de saúde mental infanto-juvenil**. Brasília: Editora do Ministério da Saúde, 2005.

FALEIROS, Eva Teresinha Silveira Faleiros. A criança e o adolescente. Objetos sem valor no Brasil Colônia e no Império. In: RIZZINI, Irene; PILOTTI, Francisco (Orgs.). **A arte de governar crianças**: a história das políticas sociais, da legislação e da assistência à infância no Brasil. São Paulo: Cortez, 2009.

FAVERO-NUNES, Maria Angela; SANTOS, Manoel Antônio dos. Itinerário terapêutico percorrido por mães de crianças com transtorno autístico. **Psicol. Reflex. Crit.**, Porto Alegre, v. 23, n. 2, p. 208-221, 2010. Disponível em: http://www.scielo.br/scielo.php?script=sci_arttext&pid=S0102-79722010000200003&lng=en&nrm=iso. Acesso em: 31 jul. 2018.

FEUERWERKER, Laura Camargo Macruz. Apresentação desta edição. In: MERHY, Emerson Elias. **São Paulo de 1920 a 1940**: a Saúde Pública como Política: os movimentos sanitários, os modelos tecnoassistenciais e a formação das políticas governamentais. 2. ed. Porto Alegre: Rede UNIDA, 2014.

FIRMINO, Hiram. **Nos porões da loucura**. Coleção Edições do Pasquim, v.104. Rio de Janeiro: Codecri, 1982.

FLEURY, Sonia. Reforma do estado, seguridade social e saúde no Brasil. In: MATTA, Gustavo Corrêa; LIMA, Júlio César França (Orgs.). **Estado, sociedade e formação profissional em saúde**: contradições e desafios em 20 anos de SUS. Rio de Janeiro: Editora FIOCRUZ, p. 49-87, 2008. Disponível em: http://books.scielo.org/id/v4fx5/epub/matta-9788575415054.epub. Acesso em: 31 jul. 2018.

FOUCAULT, Michel. **O poder psiquiátrico**. São Paulo: Martins Fontes, 2006.

_____. **Microfísica do poder**. 28. ed. Rio de Janeiro: Graal, 2010.

_____. **Ditos e escritos IV** – Estratégia, poder-saber. Rio de Janeiro: Forense, 2003.

FREIRE, Maria Martha de Luna; LEONY, Vinícius da Silva. A caridade científica: Moncorvo Filho e o Instituto de Proteção e Assistência à Infância do Rio de Janeiro (1899-1930). **Hist. Cienc. Saúde-Manguinhos**, Rio de Janeiro, v. 18, supl. 1, p. 199-225, 2011. Disponível em: http://www.scielo.br/

scielo.php?script=sci_arttext&pid=S0104-59702011000500011&lng=en&nrm=iso. Acesso em: 24 out. 2019.

FREYRE, Gilberto. **Casa-grande & Senzala**. 51. ed. São Paulo: Global, 2006.

FUKUDA, Cláudia Cristina; PENSO, Maria Aparecida; SANTOS, Benedito Rodrigues dos. Configurações sociofamiliares de crianças com múltiplos acolhimentos institucionais. **Arq. Bras. Psicol.**, Rio de Janeiro, v. 65, n. 1, p. 70-87, jun. 2013. Disponível em: http://pepsic.bvsalud.org/scielo.php?script=sci_arttext&pid=S1809-52672013000100006&lng=pt&nrm=iso. Acesso em: 05 set. 2019.

GARCIA, Grey Yuliet Ceballos; SANTOS, Darci Neves; MACHADO, Daiane Borges. Centros de Atenção Psicossocial Infantojuvenil no Brasil: distribuição geográfica e perfil dos usuários. **Cad. Saúde Pública**, Rio de Janeiro, v. 31, n. 12, p. 2649-2654, 2015.

GASTAL, Fábio et al. Predicting the revolving door phenomenon among patients with schizophrenic, affective disorders and non-organic psychoses. **Rev. Saúde Pública**, São Paulo, v. 34, n. 3, p. 280-285, Jun. 2000. Disponível em: http://www.scielo.br/scielo.php?script=sci_arttext&pid=S0034-89102000000300011&lng=en&nrm=iso>. Acesso em: 27 jul. 2019.

[GIFE] GRUPO DE INSTITUTOS FUNDAÇÕES E EMPRESAS. **Censo GIFE 2016**. SAEZ, Erika Sanchez; SANTIAGO, Graziela; ZACCHI, José Marcelo (Orgs.). São Paulo: GIFE, 2017.

GOES, José Roberto; FLORENTINO, Manolo. Crianças escravas, crianças dos escravos. In: DEL PRIORE, Mary (Org.). **História das crianças no Brasil**. São Paulo: Contexto, 2010.

GOFFMAN, Erving. **Manicômios, prisões e conventos**. 9. ed. São Paulo: Perspectiva, 2015.

GOMES, Fabiola Zione. **Mulheres e crianças primeiro!** O caráter da intervenção do Estado no grupo materno-infantil da colônia ao milagre brasileiro. Tese (Doutorado em Saúde Pública) – Universidade de São Paulo, São Paulo, 1988.

GULJOR, Ana Paula Freitas. **O fechamento do hospital psiquiátrico e o processo de desinstitucionalização no município de Paracambi**: um estudo de caso. Tese (Doutorado em Saúde Pública) – Escola Nacional de Saúde Pública Sergio Arouca, Rio de Janeiro, 2012.

GUSMÃO, Ricardo Otávio Maia et al. Revolving door – reinternação psiquiátrica hospitalar. **Humanidades**, v. 6, n. 2, jul. 2017. Disponível em: http://www.revistahumanidades.com.br/arquivos_up/artigos/a134.pdf. Acesso em: 26 jul. 2019.

HUMAN RIGHTS WATCH. **Eles ficam até morrer**: uma vida de isolamento e negligência em instituições para pessoas com deficiência no Brasil. Nova York; 2018. Disponível em: https://www.hrw.org/sites/default/files/report_pdf/brazil0518port.pdf. Acesso em: 31 ago. 2019.

[IBGE] INSTITUTO BRASILEIRO DE GEOGRAFIA E ESTATÍSTICA. Diretoria de Pesquisas, Coordenação de Trabalho e Rendimento. **Outras formas de trabalho 2017**: Pesquisa Nacional por Amostra de Domicílios Contínua. Informativo. Rio de Janeiro: 2018. Disponível em: https://biblioteca.ibge.gov.br/visualizacao/livros/liv101560_informativo.pdf. Acesso em: 16 jul. 2019.

_____. Diretoria de Pesquisas, Coordenação de Trabalho e Rendimento. **Educação 2018**: Pesquisa Nacional por Amostra de Domicílios Contínua. Informativo. Rio de Janeiro: 2019a. Disponível em: https://biblioteca.ibge.gov.br/visualizacao/livros/liv101657_informativo.pdf. Acesso em: 23 jul. 2019.

_____. Coordenação de Cadastro e Classificações **As fundações privadas e associações sem fins lucrativos no Brasil**: 2016. Rio de Janeiro: IBGE, 2019b.

JOIA, Julia. **As tóxicas tramas da abstinência**: compulsoriedades nas internações psiquiátricas de crianças e adolescentes em situação de vulnerabilidade social. Dissertação (Mestrado em Psicologia Social) – Pontifícia Universidade Católica de São Paulo, São Paulo, 2014.

KASSAR, Mônica de Carvalho Magalhães. Educação especial na perspectiva da educação inclusiva: desafios da implantação de uma política nacional. **Educ. Rev.**, Curitiba, n. 41, p. 61-79, 2011. Disponível em: http://www.scielo.br/scielo.php?script=sci_arttext&pid=S0104-40602011000300005&lng=en&nrm=iso. Acesso em: 16 jul. 2018.

LEITE, Aline Deus da Silva. **Entre o discurso e a prática**: um estudo sobre a garantia do direito à convivência familiar de crianças e adolescentes com deficiência mental e/ou transtorno mental. Dissertação (Mestrado em Serviço Social) – Pontifícia Universidade Católica do Rio de Janeiro, Rio de Janeiro, 2011.

LEMOS, Flavia Cristina Silveira; CARDOSO JUNIOR, Hélio Rebello; ALVAREZ, Marcos César. A genealogia em Foucault: uma trajetória. **Psicol. Soc.**, Florianópolis, v. 21, n. 3, p. 353-357, 2009. Disponível em: http://www.scielo.br/scielo.php?script=sci_arttext&pid=S0102- 71822 009000300008&lng=en&nrm=iso. Acesso em: 16 nov. 2017.

LEONARDIS, Ota. Estatuto y figuras de la peligrosidad social: entre psiquiatría reformada y sistema penal: notas sociológicas. **Revista de Ciencias Penales**, Montevideo, n. 4, p. 429-449, 1998.

LIMA, Norma Silvia Trindade de. **Era uma vez um castelo...** O confronto pessoalidade x impessoalidade no interior de uma instituição filantrópica de atendimento terapêutico-pedagógico para pessoas com autismo e quadros similares. Dissertação (Mestrado em Educação) – Universidade Estadual de Campinas, Campinas, 1998.

LIMA, Rossano Cabral et al. Atenção psicossocial a crianças e adolescentes com autismo nos CAPSi da região metropolitana do Rio de Janeiro. **Saúde Soc.**, São Paulo, v. 26, n. 1, p. 196-207, Mar. 2017. Disponível em: http://www.scielo.br/scielo.php?script=sci_arttext&pid=S0104-12902017000100196&lng=en&nrm=iso. Acesso em: 12 set. 2018.

_____. Indicadores sobre o cuidado a crianças e adolescentes com autismo na rede de CAPSi da região metropolitana do Rio de Janeiro. **Physis**, Rio de Janeiro, v. 24, n. 3, p. 715-739, set. 2014. Disponível em: http://www.scielo.br/scielo.php?pid=S0103-73312014000300715&script=sci_abstract&tlng=pt. Acesso em: 16 jul. 2018.

LISBOA, Milena Silva. **Os loucos de rua e as redes de saúde mental**: os desafios do cuidado no território e a armadilha da institucionalização. Tese (Doutorado em Psicologia Social) – Pontifícia Universidade Católica de São Paulo, São Paulo, 2013.

LOBO, Lilia Ferreira. **Os infames da história**. Rio de Janeiro: Lamparina, 2008.

_____. Pavilhão Bourneville: esboço de uma história da psiquiatria infantil no Brasil. In: LOBO, Lilia Ferreira; FRANCO, Débora Augusto. **Infâncias em devir**: ensaios e pesquisas. Rio de Janeiro: Garamond, 2018.

_____. Pesquisar: A genealogia de Michel Foucault. In: FONSECA, Tania Mara Galli; NASCIMENTO, Maria Lívia; MARASCHIN, Cleci (Orgs.). **Pesquisar na diferença**: um abecedário. Porto Alegre: Sulina, 2012.

MACHADO, Roberto et al. **Danação da norma**: medicina social e constituição da psiquiatria no Brasil. Rio de Janeiro: Graal, 1978.

MAIA FILHO, Antônio Luiz Martins et al. A importância da família no cuidado da criança autista. **Rev. Saúde em Foco**. Teresina, v. 3, n. 1, art. 1, p. 66-83, jan./jun. 2016. Disponível em: http://www4.fsanet.com.br/revista/index.php/saudeemfoco/article/viewFile/719/1000. Acesso em: 21 mar. 2019.

MARCILIO, Maria Luiza. **História social da criança abandonada**. 2. ed. São Paulo: Hucitec, 2006.

MESTRINER, Maria Luiza. **O Estado entre a filantropia e a assistência social**. 4. ed. São Paulo: Cortez, 2013.

MOURA, Eduardo Calmon de. **Caracterização sociodemográfica e clínica das reinternações psiquiátricas em uma enfermaria de saúde mental em hospital geral na Baixada Santista no período de 2010 a 2016**. Dissertação (Mestrado em Saúde e Meio Ambiente) – Universidade Metropolitana de Santos, 2017.

NALLIN, Araci. **Reabilitação em instituição**: suas razões e procedimentos: análise de representação do discurso. Dissertação (Mestrado em Psicologia) – Universidade de São Paulo. São Paulo, 1992.

NICÁCIO, Maria Fernanda de Silvio. **Utopia da realidade**: contribuições da desinstitucionalização para a invenção de serviços de saúde mental. Tese (Doutorado em Saúde Coletiva) – Universidade Estadual de Campinas, Campinas, 2003.

OLIVEIRA, Adriano; VICENTIN, Maria Cristina Gonçalves; MASSARI, Marina Galacini. Entre medicalização e recusas: crianças e adolescentes nos circuitos socioassistenciais-sanitários. **Revista Polis e Psique**, v. 8, n. 3, p. 225-245, 2018. Disponível em: https://seer.ufrgs.br/PolisePsique/article/view/86565. Acesso em: 12 mar. 2018.

OLIVEIRA, Alice Guimarães Bottaro; CONCIANI, Marta Ester. Serviços residenciais terapêuticos: novos desafios para a organização das práticas de saúde mental em Cuiabá-MT. **Rev. Eletr. Enf.**, v. 10, n. 1, p. 167-178, 2008. Disponível em: http://www.fen.ufg.br/revista/v10/n1/v10n1a15.htm. Acesso em: 30 ago. 2019.

OLIVEIRA, Aracelly Castelo Branco; MIRANDA, Lilian. Práticas clínicas e o cuidado possível no CAPSi: perspectivas de uma equipe interdisciplinar. **Contextos Clínic.**, São Leopoldo, v. 8, n. 1, p. 99-112, 2015. Disponível em: http://pepsic.bvsalud.org/scielo.php?script=sci_arttext&pid =S1983-34822015000100011&lng=pt&nrm=iso. Acesso em: 22 set. 2019.

OLIVEIRA, Bruno Diniz Castro de et al. Políticas para o autismo no Brasil: entre a atenção psicossocial e a reabilitação. **Physis**, Rio de Janeiro, v. 27, n. 3, p. 707-726, 2017. Disponível em: https://www.scielo.br/scielo.php?pid=S0103-73312017000300707&script=sci_abstract&tlng=pt. Acesso em: 12 mar. 2019.

ORLANDI, Orlando. **Teoria e prática do amor à criança**: introdução à pediatria social no Brasil. Rio de Janeiro: Jorge Zahar, 1985.

PARENTE, Carla Janaína de Sousa et al. O fenômeno de *revolving door* em hospitais psiquiátricos de uma capital do nordeste brasileiro. **REME – Rev. Min. Enf.**, v. 11, n. 4, p. 381-386, 2007. Disponível em: https://cdn.publisher.gn1.link/reme.org.br/pdf/v11n4a06.pdf. Acesso em: 26 jul. 2019.

PAULA, Ana Rita de. **Asilamento de pessoas com deficiência**: a institucionalização da incapacidade social. São Paulo: Memnon, 2008.

_____. Asilamento de pessoas com deficiência: a institucionalização da incapacidade social. In: I Simpósio Internacional de Estudos sobre a Deficiência, 2013, São Paulo. **Anais...** São Paulo: Núcleo de Estudos das Diversidades, Intolerâncias e Conflitos FFLCH-USP, 2013. Disponível em: http://www.memorialdainclusao.org.br/ebook/Textos/Ana_Rita_de_PAULA.pdf. Acesso em: 23 jun. 2019.

PEREIRA, José Flávio; PEREIRA, Lupércio Antônio. Instituições jurídicas, propriedade fundiária e desenvolvimento econômico no pensamento de José Da Silva Lisboa (1829). **História**, Franca, v. 25, n. 2, p. 192-213, 2006. Disponível em: http://www.scielo.br/scielo.php?script=sci_arttext&pid=S0101-90742006000200010. Acesso em: 12 abr. 2017.

PICCOLI, Pedro; GODOI, Christiane Kleinübing. Motivação para o trabalho voluntário contínuo: uma pesquisa etnográfica em uma organização espírita. **Organ. Soc.**, Salvador, v. 19, n. 62, p. 399-416, 2012. Disponível em: http://www.scielo.br/scielo.php?script=sci_arttext&pid=S1984-92302012000300002&lng=en&nrm=iso. Acesso em: 06 fev. 2019.

PITTA, Ana et al. Diretrizes operacionais para serviços de saúde para crianças e adolescentes. In: BRASIL. **Caminhos para uma política de saúde mental infanto-juvenil**. Brasília: Editora do Ministério da Saúde, p. 15-16, 2005.

PRADA, Cecília. **Menores no Brasil**: a loucura nua. Prêmio Esso de Reportagem 1980. São Paulo: Alternativa, 1981.

PRADO, Renata Lopes Costa. **O tema trabalho infantojuvenil em artigos acadêmicos de psicólogos(as)**: uma interpretação ideológica. Dissertação (Mestrado em Psicologia) – Pontifícia Universidade Católica de São Paulo, São Paulo, 2010.

PRADO FILHO, Kleber; LOBO, Lilia Ferreira; LEMOS, Flávia Cristina Silveira. A história do presente em Foucault e as lutas atuais. **Fractal – Rev. Psicol.**, Rio de Janeiro, v. 26, n. 1, p. 29-42, 2014. Disponível em: http://www.scielo.br/scielo.php?script=sci_arttext&pid=S1984-02922014000100004&lng=en&nrm=iso. Acesso em: 24 out. 2017.

QUEIROZ, Marcello; RIZZINI, Irene. A infância com deficiência institucionalizada e os obstáculos históricos na defesa de seus direitos. **O Social em Questão**, Rio de Janeiro, ano XV, n. 28, p. 199-220, 2012. Disponível em: http://osocialemquestao.ser.puc-rio.br/media/10artigo.pdf. Acesso em: 31 ago. 2018.

RAMOS, Déborah Karollyne Ribeiro; GUIMARÃES, Jacileide; ENDERS, Bertha Cruz. Análise contextual de reinternações frequentes de portador de transtorno mental. **Interface – Comunic., Saúde, Educ.**, v. 15, n. 37, p. 519-27, 2011. Disponível em: http://www.scielo.br/pdf/icse/v15n37/aop1411. Acesso em: 26 jul. 2019.

REIS, Alberto Olavo Advincula et al. Breve história da saúde mental infantojuvenil. In: RIBEIRO, Edith; TANAKA, Oswaldo Yoshimi. (Orgs.). **Atenção em saúde mental para crianças e adolescentes no SUS**. São Paulo: Hucitec, 2010.

REIS, Alberto Olavo Advincula et al. Os novos serviços de saúde mental coletiva. In: _____. (Orgs.). **As crianças e os adolescentes dos centros de atenção psicossocial infantojuvenil**. São Paulo: Schoba, 2012.

REIS, José Roberto Franco. "De pequenino é que se torce o pepino": a infância nos programas eugênicos da Liga Brasileira de Higiene Mental. **Hist. Ciênc. Saude**, Rio de Janeiro, v. 7, n. 1, p. 135-157, 2000. Disponível em: http://www.scielo.br/scielo.php?script=sci_arttext&pid=S0104-59702000000200007&lng=en&nrm=iso. Acesso em: 16 nov. 2017.

_____. **Higiene mental e eugenia**: o projeto de "regeneração nacional" da Liga Brasileira de Higiene Mental (1920-30). Dissertação (Mestrado em Filosofia e Ciências Humanas) – Instituto de Filosofia e Ciências Humanas. Universidade de Campinas, Campinas, 1994.

RESENDE, Cibele Cristina Freitas. Aspectos legais da internação psiquiátrica de crianças e adolescentes portadores de transtornos mentais. **Revista Igualdade**, Curitiba, ano XIV, n. XLI, 2008. Disponível em: http://www.crianca.mppr.mp.br/pagina-452.html. Acesso em: 31 ago. 2019.

RIBEIRO, Paulo Rennes Marçal. História da saúde mental infantil: a criança brasileira da Colônia à República Velha, **Psicologia em Estudo**, Maringá, v. 11, n. 1, p. 29-38, 2006. Disponível em: http://www.scielo.br/pdf/pe/v11n1/v11n1a04.pdf. Acesso em: 16 nov. 2017.

RICARDO, Juliana de Souza. **O acolhimento institucional de crianças e adolescentes com deficiência em face ao direito à convivência familiar e comunitária: uma análise do contexto do município do Rio de Janeiro**. Dissertação (Mestrado em Serviço Social) – Centro de Ciências Sociais, Pontifícia Universidade Católica do Rio de Janeiro, Rio de Janeiro, 2011.

RIZZINI, Irene. Abordagem crítica da institucionalização infanto-juvenil no Brasil. In: BRASIL. **Caminhos para uma política de saúde mental infanto-juvenil**. Brasília: Editora do Ministério da Saúde, p. 29-34, 2005.

_____. **O século perdido**: raízes históricas das políticas públicas para a infância no Brasil. 2. ed. São Paulo: Cortez, 2008.

RIZZINI, Irene; ALMEIDA, Neli C. A institucionalização de crianças e adolescentes com deficiência: anotações para uma agenda de política pública. **Revista Saúde & DH**, Rio de Janeiro, ano 7, n. 7, 2011. Disponível em: http://www.ciespi.org.br/media/Artigos/Artigos%20pag%201/2011_A%20institucionalizacao_RIZZINI_ALMEIDA.pdf. Acesso em: 22 jan. 2019.

RIZZINI, Irene; PILOTTI, Francisco. Crianças e menores: do pátrio poder ao pátrio dever. In: RIZZINI, Irene; PILOTTI, Francisco (Orgs.). **A arte de governar crianças**: a história das políticas sociais, da legislação e da assistência à infância no Brasil. São Paulo: Cortez, 2009b.

_____. Introdução. In: _____. (Orgs.). **A arte de governar crianças**: a história das políticas sociais, da legislação e da assistência à infância no Brasil. São Paulo: Cortez, 2009.

RIZZINI, Irene; RIZZINI Irma. **A institucionalização de crianças no Brasil**: percurso histórico e desafios do presente. São Paulo: Loyola, 2004.

RIZZINI, Irma. Meninos desvalidos e menores transviados: a trajetória da assistência pública até a Era Vargas. In: RIZZINI, Irene; PILOTTI, Francisco (Orgs.). **A arte de governar crianças**: a história das políticas sociais, da legislação e da assistência à infância no Brasil. São Paulo: Cortez, 2009.

RONCHI, Juliana Peterle; AVELLAR, Luziane Zacché. Saúde mental da criança e do adolescente: a experiência do Capsi da cidade de Vitória-ES. **Psicol. Teor. Prat.**, São Paulo, v. 12, n. 1, p. 71-84, 2010. Disponível em: http://pepsic.bvsalud.org/scielo.php?script=sci_arttext&pid=S1516-36872010000100007&lng=pt&nrm=iso. Acesso em: 16 nov. 2017.

ROSA, Miriam Debieux; VICENTIN, Maria Cristina. Os intratáveis: o exílio do adolescente do laço social pelas noções de periculosidade e irrecuperalidade. **Rev. Psicol. Polít.**, São Paulo, v. 10, n. 19, p. 107-124, 2010. Disponível em: http://pepsic.bvsalud.org/scielo.php?script=sci_arttext&pid=S1519-549X2010000100010&lng=pt&nrm=iso. Acesso em: 20 nov. 2018.

ROSEMBERG, Fúlvia. Educação: para quem? **Revista Ciência e Cultura**, Rio de Janeiro, v. 28, n. 12, 1976.

ROTELLI, Franco; DE LEONARDIS, Ota; MAURI, Diana. Desinstitucionalização, uma outra via. In: NICÁCIO, Fernanda (Org.). 2. ed. **Desinstitucionalização.** São Paulo: Hucitec, 2001.

RUSSELL-WOOD, A. J. R. **Fidalgos e filantropos**: a Santa Casa da Misericórdia da Bahia, 1550-1755. Brasília: Editora Universidade de Brasília, 1981.

SANGLARD, Gisele; FERREIRA, Luiz Otávio. Pobreza e filantropia: Fernandes Figueira e a assistência à infância no Rio de Janeiro (1900-1920). **Estud. Hist.**, Rio de Janeiro, v. 27, n. 53, p. 71-91, 2014. Disponível em: http://www.scielo.br/scielo.php?script=sci_arttext&pid=S0103-21862014000100071&lng=en&nrm=iso. Acesso em: 24 out. 2019.

SÃO PAULO. Ministério Público do Estado de São Paulo. **Inquérito Civil n. 033/17**. Promotoria de Justiça da Infância e Juventude da Capital, 13 fev. 2017.

_____. Secretaria de Estado da Saúde. Secretaria de Estado dos Direitos da Pessoa com Deficiência. **Protocolo do Estado de São Paulo de diagnóstico tratamento e encaminhamento de pacientes com Transtorno do Espectro Autista (TEA).** São Paulo: Editora SEDPcD, 2013.

SARMENTO, Manuel Jacinto; PINTO, Manuel. As crianças e a infância: definindo conceitos, delimitando o campo. In: _____. **As crianças**: contextos e identidades. Braga: Centro de Estudos da Criança/Universidade do Minho, 1997.

SCHECHTMAN, Alfredo. Abordagem crítica da institucionalização infanto-juvenil no Brasil. In: BRASIL. **Caminhos para uma política de saúde mental infanto-juvenil.** Brasília: Editora do Ministério da Saúde, p. 25-28, 2005.

SCHIMID, Patrícia. Pensando a rede de saúde mental infanto-juvenil e os casos graves. In: FERREIRA, Tânia (Org.). **A criança e a saúde mental**: enlaces entre a clínica e a política. Belo Horizonte: Autêntica, 2004.

SCHMIDT, Carlo; BOSA, Cleonice. Estresse e auto-eficácia em mães de pessoas com autismo. **Arq. Bras. Psicol.**, Rio de Janeiro, v. 59, n. 2, p. 179-191, 2007. Disponível em: http://pepsic.bvsalud.org/scielo.php?script=sci_arttext&pid=S1809-52672007000200008&lng=pt&nrm=iso. Acesso em: 25 mar. 2019.

SCISLESKI, Andrea Cristina Coelho. **Entre se quiser, saia se puder**: o percurso dos jovens pelas redes sociais e a internação psiquiátrica. Dissertação (Mestrado em Psicologia) – Instituto de Psicologia, Universidade Federal do Rio Grande do Sul, Porto Alegre, 2006.

SCISLESKI, Andrea Cristina Coelho; MARASCHIN, Cleci; SILVA, Rosane Neves. Manicômio em circuito: os percursos dos jovens e a internação psiquiátrica. **Cadernos de Saúde Pública**, v. 24, n. 2, p. 342-352, 2008. Disponível em: http://www.scielo.br/pdf/csp/v24n2/12.pdf. Acesso em: 18 out. 2017.

SEGEREN, Leticia; FRANCOZO, Maria de Fátima de Campos. As vivências de mães de jovens autistas. **Psicol. Estud.**, Maringá, v. 19, n. 1, p. 39-46, 2014. Disponível em: http://www.scielo.br/scielo.php?script=sci_arttext&pid=S1413-73722014000100006&lng=en&nrm=iso. Acesso em: 30 mai. 2019.

SELLI, Lucilda; GARRAFA, Volnei. Bioética, solidariedade crítica e voluntariado orgânico. **Rev. Saúde Pública**, São Paulo, v. 39, n. 3, p. 473-478, 2005. Disponível em: http://www.scielo.br/scielo.php?script=sci_arttext&pid=S0034-89102005000300020&lng=en&nrm=iso. Acesso em: 06 mar. 2019

SERRA, Lia Novaes. **Infância perdida**: a concepção de "menores anormais" na obra de Pacheco e Silva. Dissertação (Mestrado em Psicologia) – Instituto de Psicologia, Universidade de São Paulo, São Paulo, 2011.

[SES] Secretaria da Saúde do Estado de São Paulo. **Caminhos para a desinstitucionalização no Estado de São Paulo**: censo psicossocial 2014. CAYRES, Alina Zoqui de Freitas et al. (Orgs.). São Paulo: FUNDAP, 2015.

SHIGUNOV NETO, Alexandre; MACIEL, Lizete Shizue Bomura. O ensino jesuítico no período colonial brasileiro: algumas discussões. **Educ. Rev.**, Curitiba, n. 31, p. 169-189, 2008. Disponível em: http://www.scielo.br/scielo.php?script=sci_arttext&pid=S0104-40602008000100011&lng=en&nrm=iso. Acesso em: 24 out. 2017.

SILVA, Naiane Cristina; CARVALHO, Beatriz Girão Enes. Compreendendo o processo de inclusão escolar no Brasil na perspectiva dos professores: uma revisão integrativa. **Rev. Bras. Educ. Espec.**, Marília, v. 23, n. 2, p. 293-308, 2017. Disponível em: http://www.scielo.br/scielo.php?script=sci_arttext&pid=S1413-65382017000200293&lng=en&nrm=iso. Acesso em: 03 jul. 2018.

SILVA, Paulo Fagundes da; COSTA, Nilson do Rosário. Saúde mental e planos de saúde no Brasil. **Ciênc. Saúde Coletiva**, Rio de Janeiro, v. 16, n. 12, p. 4653-4664, 2011. Disponível em: http://www.scielo.br/scielo.php?script=sci_arttext&pid=S1413-81232011001300014&lng=en&nrm=iso. Acesso em: 30 de jun. 2019.

SILVA JUNIOR, Nelson Gomes de Sant'ana; GARCIA, Renata Monteiro. Moncorvo Filho e algumas histórias do Instituto de Proteção e Assistência à Infância. **Estudos e Pesquisas em Psicologia**, Rio de Janeiro, ano 10, n. 2, p. 613-638, 2010. Disponível em: http://www.revispsi.uerj.br/v10n2/artigos/html/v10n2a19.html. Acesso em: 01 jul. 2017.

SILVEIRA, Luísa Horn de Castro et al. O outro lado da porta giratória: apoio comunitário e saúde mental. **Psicologia em Estudo**, Maringá, v. 21, n. 2 p. 325-335, 2016. Disponível em: http://periodicos.uem.br/ojs/index.php/PsicolEstud/article/view/30660. Acesso em: 26 jul. 2019.

SIQUEIRA, Aline Cardoso; DELL'AGLIO, Débora Dalbosco. O impacto da institucionalização na infância e na adolescência: uma revisão de literatura. **Psicol. Soc.**, Porto Alegre, v. 18, n. 1, p. 71-80, 2006. Disponível em: http://www.scielo.br/scielo.php?script=sci_arttext&pid=S0102. Acesso em: 01 jul. 2017.

SOARES, Enio Silva; MENEZES, Greice Maria de Souza. Fatores associados à mortalidade neonatal precoce: análise de situação no nível local. **Epidemiol. Serv. Saúde**, Brasília, v. 19, n. 1, p. 51-60, 2010. Disponível em: http://scielo.iec.gov.br/scielo.php?script=sci_arttext&pid=S1679-49742010000100007&lng=pt&nrm=iso. Acesso em: 06 jul. 2019.

SPROVIERI, Maria Helena; ASSUMPCAO JR, Francisco B. Dinâmica familiar de crianças autistas. **Arq. Neuro-Psiquiatr**. São Paulo, v. 59, n. 2A, p. 230-237, 2001. Disponível em: https://www.scielo.br/scielo.php?pid=S0004-282X2001000200016&script=sci_abstract&tlng=pt. Acesso em: 31 jul. 2019.

SURJUS, Luciana Togni de Lima e Silva; CAMPOS, Rosana Teresa Onocko. Interface entre deficiência intelectual e saúde mental:revisão hermenêutica. **Rev. Saúde Pública**, São Paulo, v. 48, n. 3, p. 532-540, 2014. Disponível em: https://www.scielo.br/scielo.php?pid=S0034-89102014000300532&script=sci_abstract&tlng=pt. Acesso em: 15 set. 2018.

TAÑO, Bruna Lidia; MATSUKURA Thelma Simoes. Os centros de atenção psicossocial infantojuvenis: características organizacionais e oferta de cuidados. **Revista de Terapia Ocupacional da Universidade de São Paulo**, São Paulo, v. 25, n. 3, 208-216, 2014.

TEIXEIRA, Raquel Malheiros; JUCÁ, Vladia Jamile dos Santos. Caracterização dos usuários de um centro de atenção psicossocial infantojuvenil do Município de Salvador (BA), **Revista de Psicologia**, Fortaleza, v. 5, n. 2, p. 70-94, 2014.

TELLES, Heloisa Prado Rodrigues da Silva. A criança nos discursos da saúde mental: um percurso histórico a partir de recomendações para políticas públicas. In: RIBEIRO, Edith; TANAKA, Oswaldo Yoshimi. (Orgs.). **Atenção em saúde mental para crianças e adolescentes no SUS**. São Paulo: Hucitec, 2010.

_____. **Infância e saúde mental**: teoria, clínica e recomendações para políticas públicas. Dissertação (Mestrado em Saúde Pública) – Faculdade de Saúde Pública, Universidade de São Paulo, São Paulo, 2006.

VASCONCELOS, Mardênia Gomes Ferreira et al. Projeto terapêutico em saúde mental: práticas e processos nas dimensões constituintes da atenção psicossocial. **Interface (Botucatu)**, Botucatu, v. 20, n. 57,

p. 313-323, 2016. Disponível em: https://www.scielo.br/scielo.php?pid=S1414-32832016000200313&script=sci_abstract&tlng=pt. Acesso em: 18 ago. 2017.

VEYNE, Paul. **Como se escreve a história e Foucault revoluciona a história**. 4. ed. Brasília: Universidade de Brasília, 2014.

VICENTIN, Maria Cristina Gonçalves. Infância e adolescência: uma clínica necessariamente ampliada. **Revista de Terapia Ocupacional da Universidade de São Paulo**, São Paulo, v. 17, n. 1, p. 10-17, 2006. Disponível em: http://www.revistas.usp.br/rto/article/view/13977. Acesso em: 16 nov. 2018.

VICENTIN, Maria Cristina Gonçalves; ASSIS, Daniel Adolpho Daltin; JOIA, Julia Hatakeyama. O direito de crianças e adolescentes ao cuidado em saúde mental: tensões entre proteção e tutela no caso do uso de drogas. **DIKÉ – Revista do Mestrado em Direito da UFS**, Aracaju, v. 4, n. 1, p. 21-50, 2015. Disponível em: https://seer.ufs.br/index.php/dike/article/view/3749. Acesso em: 10 ago. 2019.

ZAMBENEDETTI, Gustavo; SILVA, Rosane Azevedo Neves da. Cartografia e genealogia: aproximações possíveis para uma pesquisa em psicologia social. **Psicol. Soc.**, Florianópolis, v. 23, n. 3, p. 454-463, 2011. Disponível em: https://www.scielo.br/scielo.php?script=sci_arttext&pid=S0102-71822011000300002&lng=pt&tlng=pt. Acesso em: 16 nov. 2017.

ZANARDO, Gabriela Lemos de Pinho et al. Internações e reinternações psiquiátricas em um hospital geral de Porto Alegre: características sociodemográficas, clínicas e do uso da Rede de Atenção Psicossocial. **Rev. Bras. Epidemiol.**, São Paulo, v. 20, n. 3, p. 460-474, 2017. Disponível em: http://www.scielo.br/scielo.php?script=sci_arttext&pid=S1415-790X2017000300460&lng=en&nrm=iso. Acesso em: 27 jul. 2019.

ZANIANI, Ednéia José Martins; LUZIO, Cristina Amélia. A intersetorialidade nas publicações acerca do Centro de Atenção Psicossocial Infantojuvenil. **Psicologia em Revista**, Belo Horizonte, v. 20, n.1, p. 56-77, 2014. Disponível em: http://pepsic.bvsalud.org/scielo.php?script=sci_abstract&pid=S1677-11682014000100005. Acesso em: 16 nov. 2018.

Esta obra foi composta em Minion Pro 12 pt e impressa em
papel Offset 75 g/m² pela gráfica Loyola.